Körber, Philipp von

Reisebilder aus der Lombardei

Körber, Philipp von

Reisebilder aus der Lombardei

ISBN: 978-3-86741-353-4

Auflage: 1
Erscheinungsjahr: 2010
Erscheinungsort: Bremen, Deutschland

© Europäischer Hochschulverlag GmbH & Co KG, Fahrenheitstr. 1, 28359 Bremen (www.eh-verlag.de). Alle Rechte beim Verlag und bei den jeweiligen Lizenzgebern.

Bei diesem Titel handelt es sich um den Nachdruck eines historischen, lange vergriffenen Buches aus dem Jahr 1836 (Wien). Da elektronische Druckvorlagen für diese Titel nicht existieren, musste auf alte Vorlagen zurückgegriffen werden. Hieraus zwangsläufig resultierende Qualitätsverluste bitten wir zu entschuldigen.

Körber, Philipp von

Reisebilder aus der Lombardei

RAINER.
Erzherzog von Oesterreich, Vicekönig.

Bilder
aus der
Lombardei.

Gesammelt

in den Jahren 1834 und 1835

von

Philipp von Körber.

Mit dem Portrait des Erzherzogs Rainer, Vicekönigs.

WIEN,
Anton Pichlers Druck und Verlag.
1836.

Wir aber zogen mitten innen weiter,
Hindurch die Alpen, wo der Po entspringet,
Und durch der Erde anmuthreichste Auen
Sich wie ein silberklarer Faden schlinget. —
Vor unsern Blicken wolkenlos und heiter,
War, eingehägt von dem Gebirg, dem rauhen,
Die Lombardei zu schauen;
Ein Paradies, das sich dem Aug' erschließet!

Chr. Baron v. Zedlitz.

Vorwort.

Mit diesem Buche übergebe ich dem Lesepublikum eine kleine Sammlung von Schilderungen jener Städte oder Landstriche der Lombardei, die ich während meines beinahe dreijährigen Aufenthaltes daselbst näher kennen zu lernen Gelegenheit hatte. — Ich bin gesonnen, wenn es mir anders Zeit und Umstände erlauben, späterhin in einer nachfolgenden Schrift noch mehrere Merkwürdigkeiten dieses Gartens von Europa, der sich sowohl durch sein physikalisches Klima, als durch den hohen Grad von Cultur in jeder Beziehung besonders auszeichnet, zu beschreiben, nachdem ich zu deren Darstellung fortgesetzt die nöthigen Materialien sammle, und diese Arbeit mein einziges Vergnügen ist.

Zugleich sage ich allen Ihnen meinen herzlichsten Dank, welche mir bei meinen Beobachtungen durch freundschaftlichen Rath, und lehrreiche Weisung nützlich und behülflich waren, und empfehle diese erste Ausgabe — der Huld und Nachsicht meiner Leser.

Mailand, im August 1835.

Philipp v. Körber,
Oberlieutenant im k. k. Infanterie-
Regiment E. H. Rainer Nr. 11.

Mein erster Eintritt
in Italien.

> Erhab'nes Land der Künste und der Lieder,
> Wo Raphael und Dante siegreich prangen,
> Canova Leben haucht' in starre Glieder,
> Und Cäsare den Römerscepter schwangen;
> Du Land, das tausend schöne Bilder schmücken,
> Der Vorwelt Zeugen, die schon längst vergangen
> Dir tönt mein Lied! —

Es gibt wohl in diesem Leben keinen höheren und süßeren Lohn für einen frommen Genuß, — als die Erinnerung. Sie ist der Nachhall jener Gefühle, die wir damahls empfanden, da das Bild der Gegenwart unser von dem bezaubernden Anblick geschwelltes Herz entzückte, sie ist die Sprache der Vergangenheit, — sie ruft das schöne Gemählde mit allen seinen frischen, lebhaften Farben, welches wir vor langen Jahren bewunderten, wieder in unsere Seele zurück, — sie führt uns in das Gebieth unseres ersten irdischen Wirkungskreises, in die Tage unseres Kinderlebens, wo uns noch der Hauch der Unschuld umwehte, und wo unser Herz noch so wenig von den Eindrücken der umgebenden Welt verderbt war. — Die Erinnerung wirkt fast wohlthätig auf unsere Seele, und sey es selbst der vorübergehende Traum von einem Verblichenen. — Der Mensch genießt Augenblicke im Leben, in denen er sich ganz erweckt und andächtig fühlt, sich so gerne in die Einsamkeit wünscht, um in dem Buche seiner vergangenen Tage nachzublättern, — und eben diese heiligen Momente gehören zu den glücklichsten. Gerne blickt auch der Reisende am

Vollendungstage seiner Wanderschaft in die Gefilde hinüber, die er forschend durchstrichen; seine Phantasie geleitet ihn auf rosigen Flügeln wieder in jene Gärten, in denen er die ersten duftenden Frühlingsblüthen pflückte, an jene stille Stätte, wo er entflohen dem Weltgewühle, von den Stürmen des Tages ausruhend im Schatten rauschender Orangen = und Citronenbäume, oder von dem besäumten Hügel die schlummernde und erwachende Landschaft überblickte. Da kostet er wieder von jener klaren Silberquelle, die ihn einstens labte, da wandelt er wieder auf jener blumigen Wiese, wo er sich mit freudiger Hingebung an dem jubelnden Schwarm der fröhlichen Jugend ergötzte — ach, und auch zur Bahre tritt er hin, wo er einem verblichenen Landmädchen mit Thränen der Wehmuth im Auge den Blumenkranz der Liebe um das kalte Haupt wand, oder den Trennungskuß auf ihre bleichen Lippen drückte. Solche Scenen wirken auf unser ganzes irdisches Daseyn; — ein fremdes Land, ein anderes Volk, einen neuen Charakter kennen zu lernen, bildet eine Epoche in unserem Leben, die selbst im tiefsten Alter mit den grellsten aber zugleich erquickendsten Farben erneuert in den Vordergrund tritt. So werden auch in mir die Eindrücke nimmer erlöschen, welche bei dem Betreten des classischen Bodens von Italien, und in einem Augenblicke so wohlthätig auf mein Herz wirkten, als ich aus dem Kreise geliebter Brüder und Freunde, und von so vielen Theueren scheiden mußte. Möge der gütige Leser, der mich schon öfters mit freundlichem Wohlwollen begleitete, auch dieses Erinnerungsblättchen aus meinem Tagebuche, mit gleichen huldvollen Gesinnungen aufnehmen. — Die Glocke des Jesuitenthurmes in Triest schlug so eben zehn, als der Vapore zur Überfahrt von Triest nach Venedig unter dem Abschiedsrufe der am Ufer versammelten Zuseher vom Land stieß. Ich befand mich auf selbem und zugleich in Gesellschaft mehrerer reisender Cavaliere, einer schönen Frau und eines griechischen Priesters, der sich jedoch gleich nach seinem Eintritte in das Schiff auf sein Lager hinstreckte. — Als die Dampfräder ihr einförmiges Geräusch begannen, der Rauch in Feuersäulen zum Himmel stieg, das Schiff pfeilschnell dahin fuhr und die Wellen rauschend durchschnitt, da konnte ich meines Entzückens nicht Meister werden. Mit jedem Augenblicke näherte ich mich mehr dem gelobten Lande, und in jedem Wölkchen, das sich in dunkelblauer Ferne tief am Horizonte zeigte, glaubte ich eine Insel, den Vorbothen der nahen italienischen Küste zu erkennen. Aber wenn ich dann rückwärts blickte, wie das Ufer allmählich entschwand, die erleuchteten Häuser, der stattliche Dom und die vielen Thürme meinen Blicken wichen und nur ein fahler Lichtstreif in der Ferne sichtbar blieb, da ergriff ein unnennbares Bangen meine Brust. Ich hatte Freunde und Brüder, eine herrliche Stadt, in der ich alle Reize des Vergnügens genoß, — ja, ich hatte mein Vaterland verlassen, und mußte jetzt weithin über das Meer. Eine unendlich wehmüthige Empfindung, — mehr ein Spiel der Fantasie, die mir die Kluft unserer Scheidung so schrecklich mahlte, daß selbst die Hoffnung des Wiedersehens mit jedem erlöschenden Lichte, der schon im tiefen Schlummer ruhenden Stadt, der übermannenden Empfindung des Schmerzes wich. — Aber es ist etwas Sonderbares um den Menschen; — die Vergangenheit macht ihn traurig, — der Augenblick der Gegenwart schmeichelt seinen Sinnen, und die umflorte Zukunft ängstigt ihn. So war es mir, — alle die bunten Bilder meiner Jugend, die mich ehemahls mit so lächelnden Farben umgaukelten, waren jetzt in ein wesenloses Nichts verschmolzen, ich war einsam, verlassen, — und doch wieder glücklich! —

Längst schon hatte die Kühle der Nacht die übrige Gesellschaft in den Schiffsraum hinabgezogen, — ich befand mich allein auf dem Verdecke, abgeschieden von Allen und mit mir selbst beschäftigt. Das heisere Nachtlied des Steuermannes und das Knastern der Dampfräder schreckte mich manchmal aus meinen Träumen auf, bald aber war ich den einförmigen Ton gewohnt, und überließ mich ungestört meinen Betrachtungen. Am Himmel waren die Tausende von unermeßlichen Welten wieder in ihrer uralten Ordnung aufgezogen und mein Auge weidete sich an dem erhabenen Sternbilde des Orions und an des Syrius heiligem Glanze. Was ist der Mensch auf der großen Weltkugel, rief ich ein über das andere Mahl aus, — und wenn ich dann dachte, daß die ganze große Erde nicht ein Staubkörnchen gegen das Universum ist, ja selbst den Bewohnern vieler anderer Himmelskörper ganz unsichtbar bleibt, da schien ich mir erst recht arm, — ein unbeachtungswerthes, hülfloses Wesen in dem weiten Raume. Freilich hob sich dann wieder der Stolz in meiner Brust. — Bist du nicht Herr der Erde, fragte ich mich, beugt sich nicht Alles Lebende auf dem weiten Plane deinem Willen? bist du nicht im Stande, dich bis zu jenen Sternen, und noch weit über sie hinaus zum Throne des Allerheiligsten zu erheben? — Dieser Gedanke gab mir Muth, ich fühlte meine moralische Größe, begeistert von dem entzückenden Anblicke streckte ich meine Arme gegen die Millionen Welten hin, näher dünkte ich mich dem magischen Sternenkranze, umfassen wollte ich das Unermeßliche, und — Ha, Ha, Ha! kreischte es; ich fuhr erschrocken zurück, denn der leibhafte S—n stand vor mir, und eine Gestalt vom Kopf bis zum Fuße in eine Mönchskutte gehüllt, grinzte mich an. „Junger Herr," raunte mir das Ungeheuer in's Ohr, „was träumen Sie da für Zeug zusammen? Die Nacht ist kalt, kommen Sie zu uns hinab, wir haben bald Land, und wollen früher noch ein Glas auf Wiedersehen leeren!" — Es war der Kapitän. — Ich entschuldigte mich so gut ich konnte, und beschloß durchaus auf dem Verdecke auszuharren. Wir waren schon eine bedeutende Strecke gefahren, kühler strich die Morgenluft über die rauschenden Wellen, die Sterne hatten ihren Nachtlauf vollendet, und der liebliche Mond erbleichte vor dem bezaubernden Lichte des Ostens; ein rother Wiederschein verbreitete sich über das Meer hin, lustige Zugvögel verkündeten das Ziel unserer Reise, und mit höchster Aufmerksamkeit blickte ich in die nebelgraue Ferne, um der Erste die Küste zu entdecken.

Da tönt der schallende Ruf: Land! Land! — Lebendig wird es auf dem Schiffe, die Flagge wird aufgezogen, die Schläfer kriechen aus ihren Schlupfwinkeln hervor, und Alles eilte in trunkener Freude auf den vordersten Theil des Verdeckes. Herrlicher Anblick! die Morgensonne tauchte so eben im Osten über den Horizont, und Venedig, die stolze Meeresköniginn lag, vor unsern staunenden Blicken im prachtvollen Glanze. — Geliebter Leser! was meine Seele damals fühlte, läßt sich durch menschliche Worte schwer wiedergeben. Die wenigen Strophen, in diesem Augenblicke wahrhaftig zwischen Himmel und Erde gedichtet, will ich dir hierneben mittheilen:

>Italien liegt hier vor meinen Blicken!
>Italien in seiner hohen Pracht!
>Wie schild're ich den Zauber, das Entzücken,
>Das nun in meiner Seele tief erwacht.
>
>Als kühn empor den blauen Meeresfluthen
>Venetia die Königinn entstieg,
>Beleuchtet von der Sonne gold'nen Gluthen
>Verkündend über Völker hohen Sieg:

Wie war mein Herz da voll vom Wonngefühle,
Mein Geist entschwebte in der Seel'gen Raum;
Ich stand nun da am längst ersehnten Ziele,
Erfüllt ist meiner Jugend schönster Traum.

Du Zauberland mit deinen gold'nen Ähren!
Stets wärmet dich des Frühlings zarter Kuß,
Stets tönt es in den azurblauen Sphären; —
— Nimm denn dahin auch meinen Sängergruß.

Zwar klingt er leise nur auf schwachen Saiten
Der Leier, die den Sterblichen beglückt,
Doch du wirst ihn nach seinem Inhalt deuten:
Das Hochgefühl, das meine Brust entzückt!

Als ich das neue paradiesische Festland betrat, und mich mitten im Gebiethe so vieler romantischer, historischer und überhaupt klassischer Werke befand, da ergriff mein Innerstes ein eigenes nie geahntes Empfinden, welches zu schildern ich meine Feder zu schwach finde; denn schwer wird es dem Menschen das Übersinnliche, — Geistige in der Sprache wieder zu geben, ohne vor seinem Unvermögen selbst zu erröthen. Bleibt nicht das Niedergeschriebene oder Erzählte nur ein sterbender Nachhall des Unendlichen, was seine Brust bewegte und entzückte? — Beym Anblick der Natur kann nur Ein unbegreifbares Gefühl in unserem Innern Raum gewinnen, es ist das Gefühl des Erhabenen. Nur ein Schiller, jener hohe Geist, der selbst das überirdische Licht in das Gewand einer menschlichen Frage kleidete, war so kühn, das Erhabene erklären zu wollen, aber er drückt seine Unfähigkeit mit Geistern zu sprechen demüthig erkennend, in Einem Worte eine unermeßliche Welt aus, die er im Gedankenfluge durchzieht. Er nennt das Gefühl des Erhabenen eine Zusammensetzung von Wehseyn, das sich in seinem höchsten Grade als ein Schauer äußert, und von Frohseyn, das bis zum Entzücken steigen kann, und ob es gleich nicht eigentlich Lust ist, von seinen Seelen aller Lust doch weit vorgezogen wird. — S ch i l l e r wollte das All' in Allem umfassen, und es gelang ihm, aber nur zum Theile; er hat hier zu viel und dort zu wenig gesprochen, und keiner wird den rechten Maßstab geben können. Wonne und Wehmuth, Freude und Schmerz, diese Gefühle, welche sich im materiellen Ausdrucke wie feindliche Pole nimmermehr nähern können, schmelzen bei dem hohen Gefühle des Erhabenen in Eine Harmonie zusammen, und das bebende Herz fühlt ein Wohl und Weh' in süßer Lust zugleich. —

Dieses Empfinden begleitete mich seit meinem Eintritte in das gefeyerte Land. Seit ich diesen ehrwürdigen, classischen Boden betreten, den der Schöpfer zum Garten seiner Welt, und der Mensch zum Schauplatze seiner Talente geschaffen, bin ich ein anderes Wesen; — ich lebe in der Natur und im Menschen, ich staune ob den Werken der Allmacht, und über die irdische Kraft.

Ja, wir sind zwar noch um ein Weites zurück von dem mächtigen Wesen, — wir sind nur einfache, schwache Nachahmer des Lebens und unser Meisterwerk ist der Ausdruck unserer fühlenden Seele, die einen Gegenstand finden will, das Übermaß ihrer geistigen Fülle zu äußern; — uns fehlt die Kraft des belebenden Hauches; — doch eben diese Seelenthätigkeit kettet uns näher an das Übersinnliche: Religion und Kunst sind die Wärmeleiter der Erde und des Himmels!

Aber nur in moralischer Beziehung kann sich der Erdensohn glücklich fühlen, welcher Italien betritt, weil sich da der Geist zum Irdischen herabneigt, und er an seiner Hand die blühenden

Gefilde durchwandeln kann; — materielle, sinnliche Augenweide wirft über das ganze ästhetische Wirken des Menschen den Schleier der Erde und es bleibt ihm nichts als eine kalte todte Erinnerung an den sinnlichen Genuß: — der geistige Anblick wirkt störend auf ihn. —

Gemälde von Mailand.

．．．．． Secunda Roma.
Ausonius.

I. Geschichte.

Der Vorwelt Tage sind gewöhnlich in das mystische Dunkel der Sagenwelt gehüllt, und der Ursprung großer Städte, welche dermahlen im höchsten Flore blühend, im schönsten und großartigsten Glanze, und in majestätischer Pracht da stehen, dessen Kenntniß ein so unendlich wichtiger und interessanter Schatz für den Archäologen und Geschichtsforscher seyn muß, wird meistentheils durch eine trockene Fabel allein dargethan.

Schwer bleibt es immer das Wahre aus der Menge von Traditionen, und aufgestellten Hypothesen herauszufinden, weil uns natürlicher Weise die schriftlichen Quellen und Urkunden hierzu fehlen. Wenige sich wie Janelli mit der Entzifferung der geheimnißvollen Hyerogliphen-Schrift abgeben, und vor der Erfindung der Schrift gewiß viele Jahrhunderte belebend und zerstörend an dem Menschengeschlechte vorüberzogen, die mit ihrem Vergehen auch dem Grabe der Vergessenheit übergeben wurden.

Gleich schwer wird es den Ursprung Mailands zu bestimmen, obgleich die Trümmer ehemaliger Macht und Größe, welche sich im Bereiche seiner Mauern befinden, den aufmerksamen Forscher zu manchem richtigen und bemerkenswerthen Schlusse führten; aber selbst die neuesten Historiographen, Männer, die mit den heiligen Alterthümern, mit den Zeugen der Vorwelt, ver-

traut, auch im Stande sind, jene sinnreichen Zeichen zu enträth=
seln, und die ihr ganzes Leben dem Studium dieser umflorten
Zeitepoche widmeten, sind so klug, keine frühere Epoche Mailands
anzugeben, als jene der Hetrusker, mit welcher die Geschichte
dieser Stadt beginnt. Von diesem Völkerstamme trennte sich eine
Colonie unter dem Nahmen der Insubrier, welche man für
die Erbauer Mailands hält, oder doch behauptet, daß sie die
Ersten waren, welche diese Stadt bewohnten und zu ihrem Haupt=
sitze erhoben. „Mit dem Erbauen der Städte," sagt der berühmte
Schneller in seiner Weltgeschichte, „erhoben sich die Völker
schon zu einer bedeutenden, ja im Vergleiche mit der früheren
Zeitperiode zur höchsten Civilisation, denn" fährt er fort: „wenn
die Menschen sich in großen Städten versammeln, so stehen
Mehrere unter ihnen auf, welche über die gemeinen Bedürfnisse
erhaben auf die höheren sinnen, und durch Geschmack und Kunst
die Genüsse des Schönen bereiten, da man durch die Civilisation
das Nothwendige schon erhalten." Wir irren daher nicht, wenn
wir behaupten, daß schon in diesen grauen Tagen an den Grund=
pfeilern der nachmahligen prächtigen Longobarden=Residenz gear=
beitet wurde, zu deren Vervollkommnung bald darauf die mächti=
gen Römer beitrugen. Denn sie waren es, die durch den stolzen
Gedanken, Alleinherrscher der Welt zu werden, schon in ihrer
frühesten Epoche begeistert, von den Ufern der goldenen Tiber
aufbrachen, sich bis an den Po ausdehnten und über denselben
auch in den Bezirk Mailands drangen, von welchem sie mit ge=
ringem Kraftaufwande Besitz nahmen. Mit ihrem Daseyn begann
ein neuer Zeitraum in der Geschichte der Stadt, nachdem durch
sie alle möglichen damahls lebenden Künste und Wissenschaften
hierher verpflanzt wurden, und die Stadt in allen ihren Theilen
ein Gegenstand der Verbesserung und Verschönerung war. Thea=

ter, Tempel, Bäder, Circus, fürstliche Palläste stiegen nun prachtvoll aus dem Schutthaufen empor, und Mailand sah sich bald zu einer der ersten und reichsten Städte Italiens erhoben, daß es nicht zu wundern ist, wenn sie der zur selben Zeit lebende lateinische Dichter Ausonius eine „Secunda Roma" nennt. Ja, mehrere römische Kaiser, den Scepter der Alleinherrschaft führend, schätzten es sich zur großen Ehre, Söhne, Bürger dieser ausgezeichneten Stadt zu seyn, sie beehrten dieselbe vielfältig mit ihren Besuchen und hielten sich darin längere Zeit im Jahre auf.

Nicht lange dauerte diese glückliche Zeitepoche. — Aufgeschreckt durch den Waffenklang aus dem Süden, erwachten im Norden Italiens fast gleichzeitig alle jene Völker, die theils einzeln, theils in größerer Verbindung und mit unbeschränkter Macht und glühender Raubsucht die friedlichen Fluren des Abendlandes überschwemmten, verheerend in sein Gebieth eindrangen und die schönsten Städte, die üppigsten Ländereien, die vorzüglichsten Kunstwerke damahliger Zeit ihrer empörten Wuth opferten.

So wurde auch Mailand mitten in seinem segensvollen Aufblühen im fünften Jahrhunderte von Attila dem Hunnenfürsten, der Geißel Gottes, heimgesucht und fast ganz zerstört. Dieser Fürst richtete viel Unheil sowohl im fränkischen Gebiethe als auch auf dem Boden Italiens an, aber besonders dieß letztere Land und vor Allen das nunmehrige Lombardisch-Venezianische Königreich wurde der Schauplatz seiner frevelhaften Verwüstung und Zerstörung.

Erst nachdem er hier viel Blut vergossen, viele Städte der Erde gleich gemacht und die fruchtbarsten Ländereien, Äcker, Felder und Gärten der Zügellosigkeit seiner verheerenden Raubgenossen preis gegeben, lenkte er seine eisernen Schritte nach den

Zinnen der Weltherrscherinn Rom, und auch diese wäre sicher als ein blutiges Opfer seiner Mordlust gefallen, hätte nicht der Anblick des ehrwürdigen heiligen Vaters Pabstes Leo, der vom Kaiser Valentinian III. aufgefordert war, alles Mögliche zu thun, um Attila zu entwaffnen, und nun dem Unersättlichen von Wenigen seines Hofes begleitet bis nahe bei einem Flecken am Mincio-Flusse entgegenging, den Sieger besänftigt, und ihn zum Rückzuge nach Pannonien bewogen.

Mailand hatte sich noch kaum erhohlt von den traurigen Folgen seines ersten Falles, als es ein halbes Jahrhundert später von Witigo, König der Gothen, und darauf von Alboin, König der Longobarden, zum wiederhohlten Mahle zerstört wurde.

Alboin, dessen schändliche Thaten und wüster Charakter selbst der neuesten Zeit durch das ergreifende Trauerspiel eines vaterländischen Dichters*) vorgeführt wurden, war im Jahre 551 König und Anführer dieses Volkes. Der Ruf von der Schönheit der Gefilde des Hesperidenlandes war auch in jene Wälder gedrungen, welche diesem Völkerstamme (ursprünglich deutscher Abkunft) zu ihrem Aufenthalte dienten. Daher erwachte in Alboins Brust gleich mit dem Antritte seiner Regierung die leidenschaftliche Begierde, Italien zu erobern und in diesem glücklichen Lande ein neues Reich und eine neue Macht zu befestigen. Aus dieser Ursache erneuerte er die alten politischen und Freundschaftsbündnisse mit den Franken auf der einen, beunruhigte den Kaiser von Constantinopel auf der andern Seite und erklärte im Bündnisse mit den Avaren dem Könige der Gepiden Cunimund den Krieg. Dieser zog dem kühnen Eroberer mit all' seiner Macht entgegen, unterlag aber im ersten Kampfe, wo ihn

---

*) Pannasch.

Alboin mit eigener Hand tödtete, ihm das Haupt abschlug und sich aus des Feindes Schädel einen Ehrenpokal verfertigen ließ, aus welchem er nach damahliger Sitte an hohen Festtagen trank. Die unterjochten Landeseinwohner wurden ohne Rücksicht auf Geschlecht und Alter in die Sclaverei geführt. Bald darauf drang Alboin tiefer in Italien ein, aber mit welcher Härte und Grausamkeit suchte er seinen Plan auszuführen! Nachdem er die Gränzen des Landes überschritten, unterwarf er sich mit Leichtigkeit die den Todesstreichen seiner schrecklichen Genossen entfliehenden Südländer, und ließ in den eroberten Theilen seine Hauptleute zurück, welche nach seinen Befehlen die grausamsten Thaten verübten. Können wir daher dem berühmten, selbst von Meister Göthe gepriesenen italiänischen Dichter Alessandro Manzoni Unrecht geben, wenn er in schmerzlicher Betrachtung dieser blutigen Tage ausruft:

>„Maladetto quel dì, che sopra il monte
>Alboino salì, che in giù rivolse
>Lo sguardo, e disse: Questa terra è mia!
>Una terra infedel, che sotto i piedi
>Dei successori suoi doveva aprirsi
>Ed ingojarli."

Im Deutschen beiläufig:

>„Verflucht der Tag, wo auf den Bergen
>Einst Alboin erschien, ins Thal
>Die Blicke warf und sprach: Dieß Land ist mein!
>Untreues Land, das unter'm Fuße
>Der Unterjocher jäh sich öffnen sollte
>Sie zu verschlingen!!"

Glück, daß den Streifzügen Alboins durch seinen bald erfolgten Tod ein frühes Ende gesetzt wurde. Rosamunde, seine Ge-

mahlinn und Tochter des von seiner Hand enthaupteten Gepi=
denfürsten, schwur ihm eines Tages, als er sie bei einem Festla=
ger zu Verona zwang, aus dem Schädel ihres Vaters zu trin=
ken, die bitterste Rache und ließ ihn auch bald darauf mit Hülfe
eines von ihr gedingten Meuchelmörders Peredeus ermorden.
Dieß geschah zu Verona im Jahre 573 nach Ch. G.

Italien, zu jener Zeit allgemein hin Lombardia*) ge=
nannt, befand sich im zerrüttetesten und elendesten Zustande und
wir dürfen nur die Worte Gregors des Großen anführen, um
uns einen kleinen Begriff von dem fast allgemeinen Untergang
dieses schönen, gefeierten Landstriches zu machen. Dort, wo die=
ser Mann in seiner Schrift von den Longobarden spricht**),
scheint er kaum Worte zu finden, um den Jammer und Schrecken,
der ihr Dasein bezeichnete, auszudrücken: „Wir sehen nichts,"
sagt er, „als Traurigkeit, wir hören nichts als Klagen. Zer=
stört sind die Städte, zertrümmert die Festen, verheert die Felder,
die Erde ist zur düstern Einsamkeit zurückgekehrt; und dieß arme
Land, ohne einen Augenblick wohlthätiger Ruhe fortwährend von
der Hand Gottes gezüchtiget. Die Einen sind in die Gefangen=
schaft der Barbaren gewandert, die Andern verstümmelt, Viele
getödtet. Man sehe Rom an, eines Tages die große Beherrsche=
rinn der Welt; in welchem Zustande befindet es sich jetzt! Ein=
sam trauernd stehen die Trümmer ehemahliger Größe da, verlassen
von den Bürgern und gehöhnt von den Feinden. Wo ist der Se=
nat? Wo das Volk? Wo sind die Vertheidiger? Alle Bauwerke
sind niedergerissen, die ehernen Mauern gefallen! Wo sind alle
die, welche vor Kurzem in ihrem Ruhme schwammen, wo ist all'

---

*) Italiam quae et Lombardia dicitur. (Carolus Magnus).
**) Greg. Mag. Homil. 18.

die Pracht und Größe, wo ihr Stolz?" — Und an einer andern Stelle in einem Briefe an den Kaiser Mauritius: „Tief und schwer verwundend war der Einbruch Agilulfs in Rom, und ich sah es mit eigenen Augen, wie man Römer mit Eisenbändern am Halse gleich Hunden nach Frankreich schleppte, wo sie als Sklaven verkauft wurden *)."

Dieses allgemein herrschende Unglück dehnte sich auch auf Mailands Gebieth aus und gleich jener großen Stadt traf auch sie dasselbe Schicksal. Wohlthätig mußte es daher für sie seyn, als sie nach dem Tode des letzten Longobarden-Königs Didier, mit welchem die Herrschaft dieses Volkes in Italien erlosch, unter die Bothmäßigkeit Carl des Großen und der Carolinger und deren Nachfolger, der deutschen Kaiser, kam. Unter ihrer Regierung bildete Mailand längere Zeit hindurch eine Art kleine Republik, an deren Spitze theils die Erzbischöfe, theils die Notabeln (optimati) unter dem Einflusse der von den Kaisern gesandten Minister (missi dominici) standen. Zur selben Zeit war es auch, wo im Innern der Stadt Faktionen entstanden und Streitfragen aufgeworfen wurden, deren Lösung blutige Bürgerkriege zur Folge hatten, und in welchem Zeitraume Mailand viele Veränderungen in seiner Regierung erlitt, welche bald aristokratisch bald demokratisch wurde. Im Jahre 1162 wurde diese Stadt durch das größte Unglück heimgesucht; dieß ist nämlich die unvorhergesehene und mit so vielen furchtbaren Ereignissen verbundene Eroberung durch Friedrich I. Barbarossa. Dieser Kaiser, dessen Zorn schon lange wegen mehrerer kriegerischen Händel und Raubfälle einiger mit Mailand im nächsten Bündnisse stehender Städte gereizt und entflammt war, rückte

---

*) Ad Maurit. Imp. Ep. 32, lib. 4.

endlich mit Heeresmacht vor die Mauern derselben und zwang sie nach längerem Widerstande durch Gewalt und Hunger zur Übergabe. Alle Bastionen, Gräben, Thürme, Verschanzungen und sonstige Vertheidigungswerke, die meisten Produkte der Kunst wurden nun ein Raub der Beute- und Mordsüchtigen Eroberer, deren Plündern und Zerstören kein Ziel gesetzt war. Nur die Kirchen befahl Friedrich zu schonen, sonst wären auch diese ehrwürdigen Heiligthümer alter Gottesverehrung entweiht worden. Lodi, Cremona, Pavia und Como liehen dem Zerstörer in diesen gräuelvollen Tagen willig ihre Kräfte und trugen mit ihm vereint zum Untergange der Stadt bei, nachdem noch die Jahre 1111 und 1121, wo ihnen Mailand auf ähnliche Weise begegnete, in ihrem frischen Andenken standen.

Die Stadt war nun ein Schutthaufe, die alten Römerbauwerke — elende Trümmer, in welchen die Thiere des Waldes ihre Zuflucht fanden, nachdem man früher die Menschen von ihren heimathlichen Herden verjagte hatte. Sämmtliche Bürger mußten auswandern und lebten in den benachbarten Flecken Vigentino, Carraria, S. Siro und Noceto in fünfjähriger Verbannung. — Als diese schmerzvollen Jahre vorüber waren, wurde ihnen neuerdings erlaubt, in ihr Gebieth zurückzukehren und in Kurzem erstand auf den erübrigten Resten ein neues Mediolanum, freilich dem früheren an Größe und Pracht weit nachstehend. Die damahlige Regierungsform der Stadt war die Prätur, unter welcher fast die meisten Städte Italiens in dieser Zeitepoche standen.

Nach dem Frieden von Constanz wurde Mailand bald wieder ein Tummelplatz der Guelfen und Torriani, welche sich im dreizehnten Jahrhunderte als Herrscher dieser Stadt erklären wollten.

Heinrich VII., der damahls gerade nach Italien kam, um sich die Krone abzuhohlen (1310) und die öffentlichen Angelegenheiten Italiens zu schlichten, erklärte Mathias Visconti zum Herrn der Stadt, dem sein Neffe Johann Galeaz folgte, der sich im Jahre 1395 den Titel eines Herzogs von Mailand beilegte.

Dieselbe Ordnung der Sachen dauerte bis zum Jahre 1447 fort, wo die Herrschaft Mailands der Familie Franz Sforza übertragen wurde und sich in dieser Familie so lange erhielt, bis der eigennützige Ludwig Sforza die Franzosen zu einer Diversion in Italien einlud, dabei aber selbst gefangen wurde und in dem beklagenswerthesten Zustande starb.

Nach dem Tode des kinderlosen Franz Sforza 1535, welcher auf einige Zeit dem Könige der Franzosen Franz I. das Gebieth Mailands entriß, kam selbes unter die Herrschaft Carls V., der es seinem Sohne Philipp übertrug. Aus der spanischen Regierung kam es unter den Scepter Österreichs und der deutschen Kaiser, wie wir schon einmahl erwähnt haben.

Im Jahre 1796 wurde der ganze nördliche Theil Italiens neuerdings von den Franzosen bekriegt, erobert, und die Lombardie erhielt nebst einer neuen Constitution den Nahmen einer cisalpinischen Republik, wovon Mailand die Hauptstadt wurde.

Seit dem Jahre 1805 nach dem Übergange der cisalpinischen Republik in die Italienische war Mailand die Hauptstadt eines schönen ausgedehnten Reiches, welches unter der Regierung unsers allergnädigsten Monarchen Kaisers Franz I. mit dem Venetianischen Gebiethe im Jahre 1815 vereinigt, das nunmehrige Lombardisch-Venetianische Königreich bildet.

Die großen Umfassungsmauern, deren einige noch bestehen,

wurden 1549 unter der Herrschaft Carls V. auf Befehl des Gouverneurs Ferrant Gonzaga, nach den ersten Grundsätzen der Befestigungskunst dieses Zeitalters erbaut. Die Gräben, welche zur Zeit der Belagerung 1162 durch Friedrich Barbarossa, von dem Volke gegraben wurden, um sich gegen die Angriffe des Feindes zu vertheidigen, sind noch sichtbar und in neuerer Zeit größtentheils zur Aufnahme des Wassers aus den Haupt- und schiffbaren Canälen der Stadt hergerichtet worden.

II. Geographie und Statistik.

1. Geographische Lage. Einwohner-, Häuser- und Straßenanzahl. Höchste Behörden.

Mailand ist eine ganz offene Stadt, wenig befestigt und liegt in einer überaus fruchtbaren und reizenden Gegend, welche von der einen Seite durch die Alpen, von der andern durch die Appeninnen begränzt wird, zwischen 26° 51′ östlicher Länge und 45° 27′ 51″ nördlicher Breite. Die Gewässer, welche das Gebieth von Mailand durchströmen und die vielen größern und kleineren Kanäle, mit denen die ohnedieß an und für sich schon sehr ergiebige Ebene durchschnitten ist, tragen am meisten zur Fülle und Üppigkeit seiner Umgebung bei. Die Stadt ist ungefähr 80 Toisen über den Meeresspiegel erhoben. Die Luft ist im allgemeinen nicht ungesund, aber doch sehr feucht und nebelig, was größtentheils in den die Stadt umgebenden oder durchfließenden Kanälen theils für die Schiffahrt, theils zur Ableitung erbaut, seine Ursache haben mag. Mit Recht kann man Mailand den Centralpunkt des Handels im lombardisch-venetianischen Königreiche nennen, dessen Produktenreichthum so groß und mannigfaltig ist, und dessen Verkehr durch die herrlichsten Kunststraßen noch mehr erleichtert und befördert wird. Denn die Abba und der Tessino dienen nicht allein zur Verschönerung und Befruchtung seiner Umgebung, sondern noch überdieß als wichtige Verbindungen mit den Städten und Ländern jenseits des Lago maggiore und Como, mit der Schweiz, Deutschland und mit Piemont.

Die Zahl der Einwohner beträgt nach den neuesten Berechnungen 137000 Seelen, ausgenommen der Kloster-Individuen und der Fremden. Die eigentliche Stadt hat nur bei 5600 Häuser, und zählt bei 369 Straßen, theils Corsi, Gässen oder Vicoli (enge Gäßchen). Mailand ist die abwechselnde Residenz Sr. k. k. Hoheit des allerdurchlauchtigsten Erzherzogs Vice-Königs Rainer, ferner der Sitz des Guberniums, der Central-Congregation und Delegation und der übrigen obersten Behörden.

2. Thore.

Der Eintritt in die alte Longobarden-Residenz durch die Porta Orientale, macht gewiß auf jeden Reisenden einen unbeschreiblichen Eindruck, denn wohin sich sein trunkener Blick wendet, bieten sich ihm die mannigfaltigsten Gegenstände der ewig lebenden Kunst und Cultur zur Bewunderung dar. So weidet sich das Auge gleich beim ersten Schritte des Beobachters an den beiden in neuester Zeit vollendeten Bauwerken, welche das Thor Orientale bilden und ein Meisterwerk des Architekten Rudolph Vantini sind. Man bewundert daran die Reinheit des Styles, die gefällige Wahl der Ordnung, die genaue meisterhafte Ausführung, die verschiedenen Ornamente, Basreliefs und vor Allen die werthvollen Statuen von den Meißeln eines Monti, Cacciatori, Marchesi und Gandolfi ausgeführt, welche den beiden einzeln für sich bestehenden und durch ein hohes geschmackvolles Eisengitter zum Thore verbundenen Gebäuden einen besondern Werth verleihen. — So eröffnet sich gleich beim Beginne dem Beschauer der große prächtige Corso gleiches Nahmens bis zum Domplatze hin, wo sich der majestätische Tempel, ein ehrwürdiges Denkmahl vergangener Zeiten, in alterthümliches Grau gehüllt emporhebt, und so findet man auf allen Seiten die schönsten und herrlichsten Gebäude und Anlagen. Zur Rechten den viel besuchten durch freundliche Alleen und Spaziergänge höchst angenehm gemachten Volksgarten (giardino publico), zur Linken eine lange Reihe der großartigsten Palläste im geschmackvollsten Style. Die porta orientale ist ein Monument zur Erinnerung an die glorreiche Epoche des Einzuges Sr. Majestät Kaisers Franz I. im Jahre 1816 nach dem allgemeinen Frieden Europens.

Porta Romana (römisches Thor) wurde bey Gelegenheit der Ankunft Margarethens, Prinzessinn von Österreichs, Gemahlinn Philipps III. von Spanien neu errichtet. Im Jahre 1598.

In früherer Zeit bestand daselbst ein Eingangsbogen, durch welchen Julius Caesar, Pompejus der Große, Hadrian und Trajan in die Stadt eingezogen. Späterhin diente es als Triumphbogen der Kaiserinn Maria Theresia, den Kaisern Joseph II. und Leopold II. und dem französischen Feldherrn Bonaparte.

Porta Ticinese im Jahre 1814 nach dem Plane Cagnola's erbaut.

Porta Vercellina.

Porta Comasina vor Kurzem zu Ehren unsers gnädigsten Monarchen auf Kosten der Mailänder Kaufleute errichtet u. dgl. mehrere, dreizehn an der Zahl, welche in die Stadt führen.

Der Friedensbogen (grand' arco della pace). Den Grund zur Errichtung dieses herrlichen Bauwerkes gab die im Jahre 1806 erfolgte Ankunft der hohen Verlobten, des Vicekönigs Eugen Beauharnais und Amalie, Prinzessinn von Baiern, welchen die Gemeinde von Mailand durch den Architekten Cagnola einen prachtvollen Triumphbogen, der jedoch nur aus Leinwand, Plastik und Holz bestand, erbauen ließ. Der Anblick und die Ausführung dieses Monumentes war so schön, daß man später beschloß, es in Marmor ganz nach der Idee des vorstehenden aufzuführen. Cagnola selbst begann den Bau, der bis zum Jahre 1814 dauerte. Als Se. Majestät Kaiser Franz I. im Jahre 1816 Mailand besuchte, äußerte Allerhöchstderselbe den Wunsch, es vollendet zu sehen, und nunmehr ist dieß schöne Denkmahl bis auf Weniges ausgeführt. Es steht auf der Südseite des Waffenplatzes an einem geeigneten Platze, und die prachtvollen Statuen, Basreliefs, die Pferde von Bronze, welche auf seiner Höhe prangen werden, die reichen Verzierungen, und der ungemein schöne von Cagnola selbst entdeckte Marmor, erheben es zu einem der ausgezeichnetesten Bauwerke unseres Jahrhunderts.

3. Straßen und Canäle.

a) Straßen.

Der Dichter Ausonius, welcher in Mailand um das vierte Jahrhundert lebte[*]), behauptet, daß in dieser Stadt Alles zu bewundern wäre:

„En Mediolani mirant omnia"

der Überfluß, die Herrschaften und Familien, die großen Talente, die Sitten und Gebräuche, die Mauern, Theater, Tem-

---

[*]) Er ist eigentlich ein Franzose.

pel u. dgl.; aber er schwieg von den Straßen, welche zu seiner Zeit gewiß höchst sonderbar und unbequem seyn mußten. Doch war Mailand selbst in den frühesten Zeiten und zwar besonders damahls, wo die Römer nach blutigen Stürmen und Kämpfen das cisalpinische Gallien (die heutige Lombardei) ihrem Scepter unterwarfen, der Vereinigungspunkt kunstvoller Straßenzüge, die nach allen Himmelsgegenden auslaufend, die ganze große Alpenkette durchzogen. So ließ schon Aemilius Scaurus im Jahre 645 nach Erbauung Roms eine prachtvolle Kunststraße mitten durch die sumpfigen Ufer des Po anlegen, wodurch diese größtentheils ausgetrocknet, die giftigen Dünste vertrieben und das Klima wieder verbessert wurde. Nach Polybius verwandten die Römer auf die Anlage und Verbesserung solcher Straßenzüge ihre größte Sorgfalt, und noch bis in den heutigen Tagen haben sich Überreste jener Straßenbauten vorgefunden, welche der Gewalt von Jahrhunderten mächtig widerstanden, und deren Materiale selbst zum neuen Bau verwendet wurde. — Eilf Jahrhunderte später nach Ausonius, lesen wir daher schon in den Gedichten eines gewissen Chiabrera:

„Milan' dall' ampie strade"

obgleich sie auch zu jenen Zeiten dieses Lob nicht verdienten, und der gute Sänger von seinen engen Gäßchen in Genua, wo er lebte, in Mailand eintretend sich natürlicher Weise behaglicher fühlen mußte. Vor nicht viel Jahren aber begann man in Mailand mit größtem Eifer die Hauptstraßen zu erweitern, zu verschönern, sie mit gemächlichen Seiten=Trotoirs, und selbst mit Wagengeleisen zu versehen, und in den neuesten Zeiten hat diese Bau=Neuerungssucht der Mailänder nicht nachgelassen, ja in noch größerem Maße zugenommen, und sich bis auf den kleinsten Winkel der Stadt ausgedehnt. Unter die vorzüglichsten

Straßen gehören jetzt besonders: der Corsia de' Servi, del Giardino, del monte di pietà, i corsi di porta Orientale, di porta nuova etc. etc. Besonders zeichnet sich der erst genannte und jener di porta orientale, durch Schönheit seiner Anlage, durch die in geschmackvollem Style erbauten Häuser, welche ihn zu beiden Seiten in schnurgerader Richtung stehend einfassen, und durch seine besondere Lebhaftigkeit vorzüglich an Sonn = und Feiertagen vor allen andern aus.

Von Mailand gehen wieder herrlich gebaute Straßen nach allen Provinzen des Inlandes und in das Ausland. Wir nennen darunter nur die vorzüglichsten:

1. Von Mailand nach Bergamo über Canonica. (Porta orientale).
2. Von Mailand nach Lodi über Melegnano durch die Porta romana.
3. Von Mailand nach Pavia über Binasco durch die Ticinese.
4. Von Mailand nach Buffalora durch die Vercellina.
5. Die Sempionsstraße.
6. Straße nach Varese, Lecco, Monza und in der Fortsetzung von Lecco die neue Straße in das Valtelin.
7. Straße nach Como u. s. w. *).

---

*) Die Errichtung dieser beiden Bauwerke kostet 421,040 Zwanziger, und einbegriffen der nothwendigen Vorarbeiten, des Abtragens einer Bastion, und eines großen Theiles der Mauer rechts des Einganges 706,087 Zwanziger. — Der Bogen von Porta Comasina kostete 76,089 Zwanziger. — Der Bogen der Porta Ticinese mit den nebenliegenden kleinen in Verbindung stehenden Bauwerken kostete 557,895 Zwanziger. — Der Friedensbogen zu Mailand wird im Ganzen auf einen Kostenbetrag von 3,077,489 Zwanziger kommen.

b) Canäle.

Mailand ist von Canälen durchschnitten, die gleich den Straßen die Hauptstadt mit allen Theilen der Provinz und selbst mit dem Auslande verbinden. Das Land hat zu deren Erbauung keine Opfer gespart, und sie zeichnen sich nebst ihrer Festigkeit und Dauer auch durch die besondere Eleganz vorzüglich aus. Bemerkenswerth zu nennen ist der merkwürdige Naviglio grande und der Martesana. —

4. Oeffentliche Plätze.

Deren finden sich in Mailand wenige von Auszeichnung und gewöhnlich mit den besonders neuen Bauwerken in nicht geschmackvollem Verhältnisse. So wäre z. B. der Domplatz der größte unter ihnen, auch der großartigste, wenn nicht eine bedeutende Häusergruppe auf der einen Seite desselben hinein gebaut wäre. Der piazza mercante wird ebenfalls durch das große pallastähnliche Gebäude, welches sich in seiner Mitte erhebt, ganz verunstaltet. Merkwürdig auf diesem Platze ist die erst kürzlich errichtete Statue des heiligen Ambrosius.

Unter die regelmäßigen Plätze Mailands gehören jener della fontana und di S. Fedele; weniger bemerkenswerth ist der piazza Borromeo und di Belgiojoso.

5. Kirchen.

1. Die Cathedrale, der Dom; ein Gebäude aus dem frühesten Alterthume, ganz von weißem Marmor gebaut. Der Grund zu diesem majestätischen Bauwerke wurde im Jahre 1386 durch den Herzog Johann Galeaz Visconti gelegt, und allgemein behauptet man, daß ein gewisser Heinrich Arler, genannt Gamodi, aus Gmünden in Österreich gebürtig, der Erste an den

Grundstützen derselben arbeitete. Die Gestalt dieses Tempels nähert sich der eines lateinischen S, und man tritt in sein Inneres durch fünf Thore ein. Hier befinden sich mehrere Denkmale, Gemälde, Statuen u. dgl. worunter sich die Statue des heil. Bartholomäus und das Grabmal des heil. Carl Borromäus besonders auszeichnen. Steigt man auf den 515 Stufen auf das Dach dieses Bauwerkes, so genießt man eine der herrlichsten Aussichten über die ganze Lombardei und eine überraschende Ansicht der mannigfaltigsten Statuen, welche hier gallerieartig und in den verschiedensten Gruppen geordnet aufgestellt sind.

Um einen Begriff von der Größe und Länge des Domes zu geben, setzt man hier die von Torelli bestimmten Ausmaßen im Vergleich mit den zwei merkwürdigsten größten Kirchen Europens bei:

	Höhe	Länge	Breite.	
Peterskirche in Rom	222	311	230	Mailänder Ellen.
Domkirche zu Mailand	180 *)	249	148	
Paulskirche zu London	174	256	127	

Es gibt wohl wenige Mailänder, die bei dem Anblicke dieses großartigen Gebäudes nicht von einem gewissen, aus Liebe zum Vaterlande erzeugtem Stolze ergriffen werden. Alle die theueren und tiefen Gefühle, welche im Innern ihrer geschwellten Brust für die liebe Heimath erglühen, sind gleichsam in der einzigen Idee des Domes begriffen, jenes merkwürdigen Monumentes, welches an die Frömmigkeit unserer ersten christlichen Vorältern, an ihren edlen Kunstsinn, an die unglücksschwangeren Stürme so vieler Zeitalter, an den Wankelmuth, an die Unbeständigkeit der launigen Glücksgöttinn, mit einem Worte an die

---

*) Mit Inbegriff der Statue der heil. Jungfrau sind noch vier Ellen mehr. Der Ingenieur Parea bestimmt die Höhe auf 186 Mailänder Ellen.

Geschichte von fünf Jahrhunderten mit ihrem vielfältigen Guten und Bösen erinnert. Ja fürwahr, der Dom zu Mailand ist ein Denkmahl des Alterthumes, wie es deren wenige geben dürfte, und nicht mit Unrecht nennt man ihn das achte Weltwunder. Und wie viel hat dieser mächtige Coloß schon gelitten! Gleich wie die göttliche Religion, welche in seinen stolzen Mauern ihre heiligen Zeichen kündet, den Sturm der Zeiten und die Unbilden der Menschheit erdulden mußte: so hat auch er seine Stirne dem heftigen Andrange in jenen geräuschvollen Tagen kühn dargebothen; er öffnete mit freundlicher Milde allen Jenen ein weites, tröstendes Asyl, die in ihrem Herrn Hülfe und Rettung suchten. Hundert theuere Andenken sind mit dem Anblicke seiner Grundstützen und seiner Krone verknüpft; hundert Erinnerungen des Schmerzes und der Wonne, und selbst in dem kalten, schweigenden Marmor hat uns die Vorwelt seine ehemalige Lebensperiode eingegraben. — Dieß sind die Gefühle, die jeden fremden Beschauer dieses erhabenen Kunstwerkes ergreifen müssen. — Noch immer arbeitet man an seiner Vollendung und die Zahl der Statuen desselben beläuft sich auf 4000. —

Die Architektur ist deutschen, die Haupt-Façade gemischten Styles. — Als Kaiser Joseph II. in Mailand anwesend war, rief er bei dem Anblicke des Domes voll Erstaunen aus: Dieß ist ein Haufe von Gold in Marmor verwandelt.

Madame Staël-Holstein sagt in ihrer Corinna: „Der Dom „ist ein erhabenes Denkmahl des Alterthumes, das sich, ein schö„nes Bild der stillen Wehmuth, mitten unter der lustigen Welt „Mailands emporhebt *)."

---

*) Ausführliche Beschreibungen dieser Kirche findet man in den französisch und deutsch geschriebenen Wegweisern für Mailand; nebst diesen noch besondere Abhandlungen, worunter bemerkenswerth ist: Descrizione storico-critica

2. Die Kirche S. Ambrogio, die älteste in ganz Mailand, und noch besonders merkwürdig, weil sie auf den Ruinen eines alten Minerventempel steht. Die Vorhalle, welche zu dieser Kirche führt, ist aus dem neunten Jahrhunderte, wurde von dem Bischofe Anspertus erbaut, und ist seiner uralten Inschriften, Zeichen und Bilder wegen das Museum Mailands. Gleich beim Eingange in den Tempel zur linken Seite steht eine Säule corinthischer Ordnung, welche man für den noch einzigen Überrest eines Pallastes der römischen Kaiser hält. Aus den alten Inschriften der erwähnten Vorhalle spricht noch ganz die gediegene Wahrheit, die fromme Einfalt unserer ersten christlichen Vorältern. Hier möge nur Eine dieser Grabschriften einen dem Leser gewiß nicht unwillkommenen Platz finden: „Theuer dem Herrn, „treu und ergeben ihrem Gemahle, Erzieherinn und Erhalterinn „der Familie, gegen alle freundlich und wohlthätig, reines Her= „zens, gut gegen Arme, — in Allem bedächtig; — Ach, sie „ist gestorben! Nur 29 Jahre zählte sie! — Am letzten Jänner „487 begrub man sie hier" (die Zeit verwischte den Namen) u. dgl. mehrere.

Die Gestalt des Tempels ist freilich in einigen Theilen sehr abwechselnd, trägt jedoch im Ganzen das Gepräge der Kirchen=Architektur des Alterthumes. Die hintere Façade wird durch eine lange Säulenreihe corinthischer Ordnung gebildet. Das Hauptthor am Eingange ist reich an simbolischen Freskogemählden.

Viele Alterthümer finden sich im Innern der Kirche, worunter wir besonders hervorheben: Zur linken Hand fast in der Mitte der Kirche eine Säule von sehr schönem Granit, auf deren

---

del Duomo di Milano e degli oggetti d'arte che lo adornano. Dedicata a S. E. il Cardinale Carlo Gaetano, Conte di Gaisruck, Arcivescovo di Milano. (I. Band in 4to. mit 63 Tafeln. — 40 Franc.) —

Kapitäl sich eine geringelte Schlange von Bronce befindet. Diese Schlange ist noch heutigen Tages ein Gegenstand eifriger Nachforschungen und gelehrter Abhandlungen; sie soll zu den Zeiten Friedrich Barbarossa's, wo ganz Mailand zerstört war, die Kirchen jedoch verschont blieben, in dieses Heiligthum gekrochen seyn, und man betrachtete sie für ein Orakel. — Weiter vorwärts steht ein Marmorsarg aus dem vierten Jahrhundert, — die Gruft Stilikos. — Merkwürdig ist der Hauptaltar der vielen heiligen Körper wegen, welche unter selbem liegen, ferner durch seine äußere prachtvolle Bekleidung, durch die vier Säulen von Porphir, welche den Tabernakel unterstützen, durch viele reiche Verzierungen und Mosaikarbeiten aus dem neunten Jahrhundert. Noch finden sich daselbst Gemählde von Bernardino, Luino, von Lanzani, Giov. Batt. Tiepolo u. a. m. In den zwei anstossenden Nebensakristeien befindet sich eine herrliche Mosaikarbeit, den heiligen Ambrosius ohne Haupthaar und Bart zur Zeit seiner Büßung darstellend, ferner eine überaus fein gearbeitete Statue. der heil. Marcellina.

Wer erinnert sich bei dem Betreten dieses alten ehrwürdigen Heiligthums nicht an jene denkwürdige Scene, welche am Eingange — zwischen dem heil. Ambrosius und dem Kaiser Theodosius I. vorfiel. Als nähmlich Letzterer nach seinem Zuge gegen die Thessaloniker, wobei 15000 dieses Volkes grausam ihr Leben verloren, nach Mailand kam und die Ambrosius-Kirche besuchen wollte, verwehrte ihm ihr heiliger Patron den Eintritt und rief dem Erschütterten zu: „Uomo grondante del Sangue degli „innocenti, non profanare colla tua presenza il tempio del „Dio, della pace e della mansuetudine." („Du von dem „Blute der Unschuldigen Triefender, entweihe nicht mit deiner

"Gegenwart den Tempel Gottes, des Friedens und der Sanft-
"muth *)."

3. Die Kirche S. Lorenzo bildet ein Ocktagon und wurde in den ältesten Zeiten erbaut. Im Jahre 1071 ward sie durch Feuer zerstört, bald darauf aber wieder durch den heil. Borromäus neu erbaut. Vor der Kirche befindet sich eine Gallerie von sechzehn Säulen, eines der merkwürdigsten Alterthümer Mailands, welches wir später noch einmahl beleuchten wollen.

Andere ausgezeichnete Kirchen sind noch die Kirche S. Fedele auf dem Platze gleiches Nahmens, mit einer prächtigen Hauptfaçade, ferner die alte Kirche S. Giovanni al Palazzo, dann die Kirche S. Maria; S. Eustorcio u. dgl. mehrere.

6. Theater.

Mailand hat zehn Theater, die fast alle auf den Ruinen ehemahlig geheiligter Orte erbaut sind.

Das Erste und Vorzüglichste ist das Theater della Scala, wo früherer Zeit die Kirche zur heil. Maria stand. Es ist von Beatrice della Scala, Gemahlinn des Bernabò Visconti errichtet, wurde im Jahre 1778 neu eröffnet und gehört zu den geräumigsten, bequemsten und prachtvollsten Theatern der Welt. Bevor man in das Innere gelangt, tritt man in eine Vorhalle, von welcher aus zu beiden Seiten geräumige Stiegen zu den Logen (palchi) führen. Der Scenenboden ist mit corinthischen Säulen geziert,

---

*) Beleuchtung der Alterthümer in der Ambrosius-Kirche findet man in dem vortrefflichen, mühsam compilirten Werke:
"Antichità longobardico-milanesi. Scritti dagli stessi monasi "cisterciensi P. P. Allegranza e Fumagalli. Ferner:
"Descrizioni del Dottore Labus e Ferrario.
Eine schöne Beschreibung der Ambrosius-Kirche lieferte Giuseppe Defendi in dem zu Mailand erscheinenden Taschenbuche l'Iride 1835.

und der Plafond von dem berühmten Hayez gemahlt. Die Form des Parterres ist elliptisch, und das Theater zählt sechs Reihen Logen, von denen die ersten drei Reihen aus 36, die übrigen drei jede zu 39 bestehen. Man kann sich nun leicht eine Vorstellung von der Größe dieses Theaters machen. Die schönsten Opern werden im Herbst und Carneval gegeben; im Frühjahr und Sommer ist es gewöhnlich geschlossen.

Das Theater alla Canobbiana ist so wie das Erste kaiserlich, und kann nicht klein genannt werden.

Das Theater Carcano, von seinem Inhaber gleiches Nahmens so genannt, ist nach der Zeichnung des Canonica erbaut, und erst im Jahre 1833 ganz renovirt worden.

Das Theater Rè ebenfalls nach seinem Besitzer genannt, steht auf dem Platze der ehemaligen St. Salvator-Kirche.

Das Theater Filo dramatico hat vier Reihen Logen oder vielmehr Gallerien, wie es in Frankreich im Gebrauch steht, zeichnet sich durch geschmackvolle innere Bauart, durch gut angebrachte Verzierung, wohl gewählte Darstellungen und gefällige Ausschmückung der Wände, mit den Statuen berühmter Männer im Gebiethe der Musen, eines Dante, Alfieri, Monti u. dgl. vorzüglich aus.

Ferner das Theater Lentasio, Marionettentheater, das teatro della Stadera im Verein mit dem teatro diurno dient zu gymnastischen Spielen, und sonstigen Vorstellungen in den Sommermonathen.

Das Amphitheater, seiner Bauart, Größe und seines geschichtlichen Werthes wegen das Merkwürdigste. Weder London noch Paris, weder Petersburg noch Wien, vermögen ein ähnliches Gebäude aufzuweisen, und wenn auch in Italien (dem Lande der Amphitheater), Rom und Verona auf ihre Arenen stolz sind, so ist ihnen doch der Genuß jener mannigfaltigen oft

bewunderungswürdigen Schauspiele versagt, welche im Amphi=
theater zu Mailand jedes Jahr vorgestellt werden. — Wettläufe
zu Fuß und zu Pferde, Karoussele, Wasserkünste, Tourniere
und Lustgefechte, Feuerwerke, Aufsteigen von Luftballonen,
Schlachten, militärische Gastmahle, Pantomimen und andere
Theaterkünste sind die gewöhnlichsten Unterhaltungen, an denen
sich die Lust der Mailänder und jedes Fremden in diesem Tempel
des Vergnügens weidet, und durch deren Anblick und Genuß
man wahrhaftig an die gymnastischen Spiele der alten Griechen
und Römer in ihren Circus lebhaft erinnert wird. — Nachdem
das großartige Projekt des Forums Bonaparte aufgegeben war,
erhob sich in Kurzem und zwar nach dem Plane des ausgezeichne=
ten Architekten Ludwig Canonica, zu Ende des Jahres 1806 dieß
collossale Gebäude, und schon im darauffolgenden Jahre am
17. Juni 1807 wurde es der Schauplatz der ersten genußreichen
Unterhaltung.

Die Gestalt des ganzen Bauwerkes ist elliptisch, und es be=
trägt in seiner Länge 570 Par. Fuß, in seiner Breite 375 Par.
Fuß. — Im Innern der Arena erheben sich längs der ganzen
Rundung, neue breite Stufen mit Rasen bedeckt, wovon die
letzte eine Art fortlaufende Platforms bildend in einer Breite
von zehn Schritten mit einer doppelten Reihe der üppigsten Pla=
tanen eingefaßt ist. Die mit Dockengeländer umgürtete Brust=
wehr wird noch von einer äußern starken Mauer überhöht. —
In der innern Rundung der eigentlichen Arena befindet sich ein
Graben mit lebendigem Wasser gefüllt, und von einer Mauer
begleitet, welche zugleich zur Unterstützung der ersten Stufe dient.

Die bedeutende Ausdehnung der Arena, das Grün der Stu=
fen, welches in so harmonischem Einklange und zugleich gefälli=
ger Abwechslung, mit den auf der Höhe gepflanzten, dicht be=

laubten Platanen steht, leihen dem Ganzen den herrlichsten An=
blick eines blühenden Gartens. Das Pulvinare, die Gefängnisse,
das Triumphthor, beachtenswerthe Werke architektonischer Kunst,
welche das Einförmige der elliptischen Linie wohlgefällig unter=
brechen, die Menge von Zusehern auf den zierlich bereiteten
Sitzen (das Amphitheater faßt über 30,000 Personen), die durch
die Verschiedenheit und den Reichthum ihrer Kleidung, der Tau=
senden von Sonnenschirmen, und ihren lauten Jubel und frohe
Lust das seltenste und annehmlichste Panorama bilden; der hun=
dertfältige Schall von Musikbanden, und das rege Gewühl und
Lärmen so vieler Stimmen, gewähren für Jenen, der von man=
chem einsamen Standpunkte der schattigen Höhe in das wogende
Thal hinuntersieht, ein wahrhaft imposantes, romantisches
Schaustück.

Doch nichts ist ergötzlicher und schöner als einer Überschwem=
mung der Arena beizuwohnen. In einem Augenblicke hat sich der
ganze Schauplatz in einen lieblichen See verwandelt, dessen An=
blick durch die regelmäßigen, grünen Ufer noch verschönert wird.
Diese Darstellung gehört zu einer der vorzüglichsten Unterhal=
tungen, denn sie beschäftigt Sinn und Herz der Zuseher. Wel=
cher aus ihnen wollte bei dem Anblicke dieses niedlichen und doch
so ausgebreiteten Wasserbeckens mit seinen mahlerischen Umge=
bungen nicht ein eigenes wohlthuendes Gefühl empfinden, wenn
er sich mit Einem Mahle durch die Zauberkraft der Kunst mitten
in das entzückendste Gebilde der Natur versetzt findet. Die an=
genehme erquickende Kühle, die sich allenthalben verbreitet, die
umstehenden Gebäude und anderen Gegenstände, welche sich in
dem klaren Wasserspiegel wunderbar abspiegeln, das sanfte Rau=
schen der Wellen bei dem leisesten Luftzug, der sich erhebt, das
Schillern und Flimmern der im Abendglanze der untertauchen=

den Sonne glühenden Fluth, die von allen Seiten mit den zierlichsten Gondeln durchschnitten wird; Alles dieß zaubert den erstaunten Zuseher aus der Mitte seiner Stadt in die freie, herrliche Natur hinaus, weit in jene Gefilde des weltgepriesenen Lago di Como, oder Lago maggiore mit ihren reitzenden Umgebungen.

Eine vollkommene Beschreibung der mannigfaltigen Spektakel und Schauspiele, welche hier dargestellt werden, könnte wohl Bände anfüllen, und manchem Leser hundertfachen Stoff zur Unterhaltung und Erheiterung gewähren. So wurde z. B. im Jahre 1811 im Innern der Arena von der Mailänder Garnison ein großes prachtvolles Mittagsmahl gegeben, welchem mehrere Tausende von Italiänern, Franzosen und anderer Nationen beiwohnten. Drei Jahre früher im Jahre 1808, wurde auf Kosten der Stadt daselbst die Ankunft einer italiänischen Division, nach dem Frieden von Tilsit ebenfalls durch ein prächtiges Gastmahl gefeiert. Ein anderes Mahl gab die Truppe der dermahlen österreichischen Garnison ein höchst interessantes Carousselfest. — Andreoli erhob sich von diesem Platze aus auf eine Höhe von 8265 Mètres, im Jahre 1807 in einem Luftballon. Vor Kurzem gab die berühmte Reitergesellschaft Guerra daselbst die anziehendsten Vorstellungen u. dgl. m.

Bevor noch das dermahlige majestätische Amphitheater erbaut wurde, hatte Mailand einen ähnlichen circus gymnasticus von Holz. —

7. Brera-Pallast, Akademie der Wissenschaften und schönen Künste, öffentliche Bibliothek.

Die Sternwarte, eine der reichsten in Bezug der verschiedenen Instrumente, und berühmt durch die Nahmen eines Boscovich, Reggio, Cesari, Oriani ꝛc.; die ausgedehnte, prächtige Bildergallerie, reich an Meisterwerken jeder Schule, das werthvolle numismatische Cabinet mit der darauf Bezug habenden Bibliothek, das k. k. Institut der Wissenschaften und Künste, der botanische Garten, die k. k. Akademie der schönen Künste, endlich die öffentliche Bibliothek bilden jenes Heiligthum im Pallast der Brera, der Wissenschaft, Literatur und den Künsten geweiht, welchem wenige, vielleicht gar keines in ganz Europa gleichen dürfte. Doch nicht allein durch den Verein so vieler wissenschaftlicher und zugleich gemeinnütziger Institute, sondern auch als Gebäude für sich betrachtet, ist der Brera - Pallast, sowohl durch Großartigkeit und Schönheit seiner Architektur, als auch durch Größe der verschiedenen Säle, und durch andere Monumente besonders ausgezeichnet.

Dieser Pallast war ehemahl ein Collegium der Jesuiten, und der Plan zu seiner Errichtung wurde von dem Baumeister Francesco Richini gegeben, und späterhin durch Pierremarrini gänzlich ausgeführt. Man gelangt durch einen geräumigen Hof, der mit zwei von einer doppelten Säulenreihe getragenen Stockwerken umgeben ist, zur Hauptstiege im Hintergrunde, die ihrer schönen gefälligen Bauart wegen im Angesichte des Hauptportals, einen wahrhaft theatralischen Effekt gewährt. Oberhalb den portici sieht man die dem Dichter Parini, dem Architekten Pierremarini und Albertoli, den Mahlern Rossi, Pedroni ꝛc. errichteten Denkmahle.

Das Institut für Wissenschaft und Literatur ist im Jahre 1802 gegründet, und besteht aus Pensionsgliedern, deren Zahl sechzig nicht übersteigen kann, und aus anderen Ehrenmitgliedern. Das Institut ist in zwei Klassen getheilt, die eine umfaßt die Wissenschaften und Künste der Technik, die andere die schönen Wissenschaften und freien Künste. Die Pensionsglieder sind verpflichtet alljährlich eine gemeinnützige Schrift zu verfassen, und sie der Versammlung zu überreichen, welche zweimahl des Jahres ihre Sitzungen hält *).

Die Akademie der schönen Künste ist von ausgezeichneten Künstlern und Kunstliebhabern gebildet, und besteht ebenfalls aus Gliedern mit und ohne Stimmen **).

Die Bildergallerie verdient eine besondere Aufmerksamkeit wegen den darin aufgestellten Meisterwerken im Gebiethe der Mahler= und Bildhauerschule. Die vorzüglichsten Gemählde hierin sind die Vermählung der heil. Jungfrau Maria von Raphael Urbino; Abraham, Hagar aus seiner Hütte verstoßend von Guercino, der heil. Petrus und Paulus von Guido Reni, der Raub der Proserpina von Albano, ferner mehrere Gemählde von Hayez; dann Freskobilder aus der lombardischen Schule von Bernardino Luini, Gaudenz Ferrari, Bramantino, Vincenz Foppa u. dgl. m.

Die Bibliothek verdankt ihre Errichtung und Eröffnung der Kaiserinn Maria Theresia. Schon im Jahre 1763 brachte die Congregation des lombardischen Staates die berühmte Büchersammlung des Grafen Pertusati, welche aus 34000 Bänden theils neuerer theils der ältesten Werke bestand, für die Summe von 16000 Dukaten käuflich an sich, und wollte damit dem Erzherzog Ferdinand, damahligem Gouverneur, als Zeichen der Hochverehrung ein Geschenk machen. Die wohlthätige Kaiserinn be=

---

*) Präsident derselben ist dermahls der Herr Franz Carlini, Ritter des S. Maurizius=Lazarus=Ordens, Direktor beider Klassen, erster Astronom und Direktor an der Sternwarte.

**) Präsident und Direktor: Carl Londonio, Ritter des eisernen Kron=Ordens dritter Classe.

stimmte jedoch später für ihre sie liebenden Unterthanen mittelst eigenhändig ausgefertigtem Diplom am 24. November 1770 diese Büchersammlung zu einer für den öffentlichen Gebrauch bestehenden Bibliothek, und ordnete zugleich an, daß selbe aus ihrem damahligen ungünstigen Locale, in ein besseres, anständigeres und mehr im Mittelpunkt der Stadt gelegenes untergebracht werde. — Verschiedene Projekte wurden nun entworfen, diesem literarischen Kleinode einen seinem Standpunkte würdigen Platz zu verschaffen, bis endlich nach der gleichzeitigen Aufhebung der Jesuiten, deren ehemahliges Collegium, die Brera, hiefür bestimmt wurde, und durch Beschluß der Landes-Obrigkeit auch die bedeutende zahlreiche Bibliothek dieses Collegiums mit der vorstehenden Sammlung vereinigt ward.

Aus diesem Grunde wurde gleich darauf nach einem Plane des berühmten Architekten Pierremarini jener große prachtvolle Saal erbaut, welcher gleich beim Eintritt in diese ehrwürdigen Hallen so wohlthätig in das Auge fällt; zugleich errichtete man nach Angabe desselben Baumeisters die großen Fächergestelle sowohl in dem Haupt- als den dazu gehörigen Nebensälen.

Bei diesem kaiserlichen Geschenke verblieb es nicht allein; denn im Jahre 1778 kaufte die glorreiche Kaiserinn mittelst einer Summe von 2000 Louisd'ors die werthvolle Bibliothek des berühmten Doktor Albert Haller und befahl, daß dieselbe ebenfalls jener in der Brera aufgestellten einverleibt werde *).

Die erhabenen Nachfolger Marien Theresiens, nicht allein

---

*) Die Zahl der Bände dieser neuen Sammlung belief sich mit Einschluß der Manuscripte auf 13,500, — und 60 des Herbariums. Dann übergab der geachtete Sohn des Verstorbenen, Gottlieb Emanuel Haller, der Bibliothek noch überdieß 500 Bände. Das Herbarium wurde in den letzten stürmischen Zeitereignissen nach Frankreich transportirt, wo es mit noch mehreren andern theueren Gegenständen dieser Bibliothek zu Grunde ging.

Erben ihres Ruhmes, sondern auch ihrer ausgezeichneten Tugenden, bereicherten diese Bibliothek fortgesetzt mit neuen Schriften. Joseph II. befahl, daß mit ihr ein großer Theil der berühmten Firminianischen Bibliothek vereint werde, und bald darauf kamen ihr durch die Aufhebung der Klöster ebenfalls eine Menge neuer Werke zu.

Indeß, auch einige verdienstvolle Freunde und Bürger des Vaterlandes übermachten diesem gemeinnützigen Wohlthätigkeits-Institute nach dem Beispiele seiner glorreichen Gründer die werthvollsten Geschenke, unter denen wir besonders jene des Dr. Ritter Brambilla, des Oberst Boschiera und des Herzogs von Melzi nennen. Dieser Letztere übergab der Bibliothek eine sehr interessante und theure Sammlung lateinischer und griechischer Classiker aus der Bibliothek Scaccerni von Ferrara.

Am ausgezeichnetesten jedoch unter allen war das Legat des Cardinals Durini im Jahre 1795. Dieser geistreiche Mann wollte seine ganze eigene Bibliothek mit jener der Brera einverleibt sehen, und ordnete sie selbst mit eigener Hand in zehn elegante Fächer; größtentheils Werke lateinischer, griechischer und italiänischer Classiker; jeder Band ein kostbarer Schatz sowohl in Bezug der Seltenheit der Ausgabe als auch wegen des prachtvollen Einbandes.

Man tritt in die Bibliothek durch eine große Vorhalle, welche durchaus mit Statuen, Waffen und Medaglien geziert ist, jene berühmten Männer darstellend, die sich besonders entweder im Gebiethe der Literatur, oder Kunst, oder durch ausgezeichnete Sammlungen und sonstige wohlthätige Spenden für das vaterländische Institut hervorgethan haben. Aus der Halle gelangt man in den ersten großartigen Saal, in welchem sich die Akten der Akademien, die Werke zur schönen Literatur, Geschichte,

Geographie und der darauf Bezug habenden Wissenschaften befinden. Der Plafond dieses Saales ist ein Werk des ausgezeichneten Mahlers Gaetano Vacani. Ober dem innern Thore steht das Gemählde Sr. Majestät des verstorbenen Kaisers Franz I. mit den Insignien der eisernen Krone, von Stambucchi gemahlt.

Die Statuen sind von Marchesi, die Medaglien von den Mahlern Giuseppe Larelli und Angelo Monticelli.

Zur Seite desselben Saales befinden sich die Cabinets mit den verschiedenen Ausgaben des fünfzehnten Jahrhunderts; diesen folgt der Saal für die philosophischen und höheren Wissenschaften, aus diesem kommt man in den dritten bedeutend großen, welcher die theologischen Bücher enthält. — Unter allen Sälen ist wohl jener an Pracht und Reichthum der vorzüglichste, welcher durch die Gnade Sr. Majestät des Kaisers Franz I. neu hergerichtet wurde, und bei 36 mètres lang, und 12 mètres breit ist. Dieser Saal enthält alle Werke über Jurisprudenz, Politik, Ökonomie, ferner Werke und Handschriften der neuesten Autoren, mit den prachtvollsten Zeichnungen und Kupferstichen.

Eine besondere Merkwürdigkeit in dieser Bibliothek ist der große Erdglobus mit der möglichst genauesten, reinsten und ausführlichsten Bezeichnung und Eintheilung; dann die großen Choralbücher, die aus der berühmten Carthause Certosa, zwölf Bände an der Zahl, hieher gebracht wurden. Sie sind auf Pergament geschrieben, in Atlasformat, und mit werthvollen Gemählden aus der religiösen Welt geziert.

Diese allgemeine Beschreibung dürfte hinreichend seyn, dem Fremden eine kleine Idee von dieser großartigen Anstalt zu geben, die bereits in so hohem Rufe steht, und eine Sammlung von 200,000 Bänden enthält. Hier findet der Gelehrte, so wie der Künstler die kostbarste Nahrung für seinen Geist, und hier

sind sowohl die theuersten als auch die geringsten aber gemein=
nützigen Werke zum allgemeinen Gebrauche aufgestellt. Ganz
sicher ist sie in Italien die Erste, wo selbst die ältesten Werke, so
wie die neuesten in allen Sprachen und aller Länder, Amerika
und das orientalische Indien nicht ausgenommen, sich befinden.
Eben so werden auch hier die Aktenstücke der Akademie zu Phila=
delphia und Calcutta aufbewahrt.

8. **Ambrosianische Bibliothek, andere öffentliche Gebäude und Palläste — Wohlthätigkeits-Anstalten — Schulen.**

Die ambrosianische Bibliothek wurde im Jahre 1609 durch
den weisen, ausgezeichneten Erzbischof Friedrich Borromäus er=
öffnet, und hat eine Büchersammlung von mehr als 65000 Bän=
den, dann viele wichtige und sehr alte Manuscripte. Hier findet
man einen Codex hebräischer Alterthümer von Joseph Flavius,
durch Rufin übersetzt, dann einen von Petrarca selbst geschriebe=
nen Virgil. — Diese Bibliothek wird durch die wohlthätigen
Spenden einiger Freunde vaterländischer Kunst und Wissenschaft
stets vermehrt. So schenkte ihr der Baron Custodi — 1000 aus=
erwählte Bände. Vor Kurzem bereicherte sie der Cav. Pecis durch
ein Geschenk ausgezeichneter Gemählde; — ein gewisser Angelo
Marelli übergab ihr 1000 Bücher; — Castiglione eine Medag=
liensammlung von hohem Werthe, und der verstorbene Barna=
bas Oriani vermachte ihr ein Capital von 140000 Lire.

Andere öffentliche Gebäude: Das Haupt=Spital (l'ospitale
maggiore). Der Herzog Franz Sforza und seine Gemahlinn
Bianca M. Visconti schenkten der Stadt zur Errichtung dieses
Gebäudes den Grund, und im Jahre 1456 begann man auf all=
gemeine Kosten den Bau. Der erste Architekt, welcher daran ar=
beitete, war Antonio Averulino aus Florenz; jedoch verdankt man

die Ausführung dieses in der That colossalen Bauwerkes dem Francesko Richini. — Hiezu gehört noch ein großer, geräumiger Hof, eine Kirche mit einer schönen Verkündigung von Guer:ino, — Apotheke, Küche u. dgl.

Die Armen-Congregation, welche bei zwanzig fromme Institute unter ihrer Leitung hat.

Das Spital zur heil. Maria Araceli.

Das Armenhaus Trivulzi zur Aufnahme Alter beiderlei Geschlechts von siebzig Jahren. Der Fürst Anton Ptolomeus Trivulzi, der Letzte seines ausgezeichneten Geschlechtes, bestimmte hiezu seinen eigenen, großartigen Pallast im Jahre 1771.

Das Spital der barmherzigen Brüder und Schwestern.

Zwei Arbeitshäuser sowohl für Männer als Weiber, die ihre tägliche Arbeit anderswo nicht finden. Vielen derselben gibt man unentgeldlich Kleidung und Wohnung. Die Zahl der Arbeiter beläuft sich hier täglich auf 2800 Köpfe.

Ferners noch mehrere Waisenhäuser für männliche sowohl als weibliche Jugend. — Ein Versatzamt (Monte di pietà) ꝛc. Irrenhäuser.

Obgleich Mailand eine Stadt des öffentlichen gemeinschaftlichen Vergnügens ist, wovon seine prachtvollen Gebäude, Palläste und Theater, häufige musikalische Akademien, viele erheiternde Gesellschaften, und die immer besuchten Spaziergänge genugsam zeugen, so dürften sich doch wenige Städte der italienischen Halbinsel bezüglich ihrer geistigen Ausbildung, und der betreffenden Bildungs-Anstalten mit ihr messen. Hier bestehen zwei Lyceen, zwei Gymnasien, viele andere öffentliche Schulen, ein militärisches Collegium, eine Veterinärschule, ein Taubstummen-Institut, ein Conservatorium für Musik, Erziehungshäuser für Kinder mit bestehenden Pensionen.

Ausgezeichnete Erwähnung verdient noch das lithographische Institut ꝛc.

Palläste: Der Pallast des Guberniums, der königliche Pallast mit den herrlichsten Appartements, Gemählden und Kunstschätzen; pallazzo Belgiojoso, Annoni, Trivulzi, Litta, Borromeo, Serbelloni; — ferner noch der Tribunalpallast, das Münzhaus, das erzbischöfliche Seminarium, die Staatsdruckerei, das Seminarium di porta Orientale, und die berühmte Galleria de Cristoforis etc.

9. Alterthümer.

Mailand enthält zwar wenig Alterthümer, aber diese sind von der größten Merkwürdigkeit. Es gibt Orte, wo man mit Gewißheit behauptet, daß daselbst in den frühesten Zeiten der Minerva, Venus und Vesta geheiligte Tempel gestanden. Ferner trifft man noch alte Sinngedichte und Inschriften an den Kirchen und Mauern alter Palläste, wovon die bedeutendsten die Worte an der Mauer der Kirche S. Giorgio al palazzo und S. Vittore sind. Diese alten Urkunden belehren uns, daß an dem Platze der heutigen Kirche S. Giorgio al palazzo ein kaiserlicher Pallast stand, der entweder von Hadrian oder Maximianus erbaut wurde.

Ausonius spricht in seinem Lobgedichte auf Mailand von einem Circus, in welchem Agilulf seinen Sohn Adeloaldo krönen ließ, wie uns Paul Diaconus erzählt. Auf seinen Ruinen erhob sich später eine Kirche.

In der Nähe des Colleggio Longone, später Colleggio di Educazione maschile genannt, steht ein Haus, auf dessen Mauer sich ein Basrelief befindet, welches wegen der Darstellung alter Gladiatorenkämpfe, und anderer Figuren besonders bemerkenswerth ist.

Ebenso steht auf der Brücke bei porta Romana ein Haus, längs dessen Hauptfaçade sich eine Zeichnung befindet, welche die Rückkehr der Mailänder nach ihrem fünfjährigen Exil unter Friedrich I. vorstellt.

Von den Alterthümern in der Ambrosius-Kirche haben wir schon einmahl Erwähnung gemacht.

In der Kirche S. Lorenzo ist ein sehr schönes Denkmahl, nähmlich das Grabmahl der Galla Placidia, Tochter des Kaisers Theodosius, und Ataulf's ihres Mannes *).

Besondere Auszeichnung verdienen die sechzehn Säulen vor der Kirche. Sie sind von weißem Marmor, corinthischer Ordnung, crenaillirt, und jede von ihnen besteht aus vier Stücken, Basis und Capital inbegriffen. Man sagt, daß diese Säulen zu einem großen Badgebäude gehörten, welches der Kaiser Maximianus Herculeus für seinen Gebrauch erbauen ließ.

Das Innere dieser Kirche ist voll Alterthumsschätze, Inschriften, Mosaikbilder, Mahlereien u. dgl.

10. Mailands berühmte Männer.

Besonders in jenem Zeitraume, wo die Herrschaft der Spanier über Mailand aufhörte, sah diese Stadt in ihrer eigenen Brust die schönste Schule der vorzüglichsten Männer in allen Gebiethen der Wissenschaften und Künste erstehen.

Ohne uns in die Aufzählung aller berühmten Talente einzulassen, wollen wir hierneben bloß die vorzüglichsten bemerken:

---

*) Hierüber, so wie über eine in der Nebenkapelle S. Aquilino bestehende schöne Mosaik hat der gelehrte Archäolog P. Allegranza eine ausführliche Abhandlung geschrieben.

Unter den Alten: Cecilius Stazius, welchen Aulus Gellius als einen der ersten comischen Dichter erwähnt. Er starb zu Rom. Virginius Rufus, ein ausgezeichneter Kapitain, schrieb auch rhetorische Werke, die von Quintilianus angegeben sind, starb im Jahre 97. — Salvius Giulianus, Rechtsgelehrter des Kaisers Hadrian; — P. Virgilius Maro vollendete seine Studien in Mailand.

Unter den Neueren außer den fünf Päbsten Urban III., Alexander II., Celestinus IV., Pius IV. und Gregor XIV. noch: Elpidius, Hofpoet des Königs Theodorich; — Anselmus, Bischof von Lucca, später Pabst unter dem Nahmen Alexander; — die beiden Landolfi, Historiographen im eilften und zwölften Jahrhundet; Lanfranchi, berühmter Arzt im dreizehnten Jahrhundert; — Andreas Biglia, ein ausgezeichneter Literator und Geschichtschreiber seines Zeitalters der Jahre 1402 bis 1432.

Joh. Matthäus Ferrari, gelehrter Arzt, der mit dem neunten Buche des Arabers Almansor, die Wissenschaft der Anatomie des fünfzehnten Jahrhunderts bereicherte; — Andreas Alciato, großer Literator, ausgezeichneter Rechtsgelehrter, Archäolog, Historiker und Redner; — Girolamo Cardano, Mathematiker, Arzt und Philosoph; — Peter Porro, der Erste, welcher im Jahre 1516 eine Abhandlung über die Lehren der Bibel schrieb, dann zu Genua einen Psalter in hebräischer, arabischer, chaldäischer und griechischer Sprache drucken ließ; — Bonaventura Cavalieri, ein berühmter Mathematiker; — der Cardinal Friedrich Borromeus; — der Antiquar Octavius Ferrari; — die Historiker Georg Giulini, Gregor Leti, Peter Puricelli; — der Canonicus Manfred Settala, welcher in Italien, Griechenland, der Türkey, in Syrien und Ägypten herumreiste und die wichtigsten Notizen über die damahlige Cultur und Civilisation und über den Charakter dieser Völker bekannt machte. Er sprach viele Sprachen, kannte die Musik in ihrem ganzen Umfange, und besaß ein reiches Museum, welches er der Ambrosianischen Bibliothek zum Geschenke machte. In Mailand wurden ferner geboren oder hatten zur Zeit ihrer Jugend ihren Aufenthaltsort: die Dichter: Maggi, Balestrieri, Parini und Porta; — der Cardinal Durini, ein Marchese Beccaria, der durch die Geschichte Mailands berühmte Peter Verri, Ludwig Lambertenghi; — die Gaetana Agnesi; — ein Squadrelli; — ein Isimbardi, Oriani, Monteggia, Paletta; — der Ritter Pompejus Litta, der seine Talente, und Lebenszeit den Künsten, und der Compilation eines großen historischen Werkes weihte.

In der Person des Ritters Francesco Berri, der Arzt, Alchymist, Wahrsager, und Religionsoffenbarer war, hatte Mailand seinen Cagliostro. Er starb als Gefangener im Castell S. Angelo zu Rom im Jahre 1695, in einem Alter von siebzig Jahren.

Unter den Künstlern verdienen einer besondern Erwähnung: Domenicus von Cammei, der seinen Nahmen von der Kunst in jede Gattung Stein zu schneiden erhielt; — der Mahler Bernardino Luino, Zeitgenosse und Nebenbuhler des unsterblichen Urbino; — Camillo und Jul. Cesar Procacini, Daniel Crespi, Morazzone, Cesar von Sesta, Ludwig Bossi, ferner Andreas Appiani und Albano, der Mahler der Grazien.

Auch in der neuesten Zeit war und ist Mailand ein Vereinigungspunkt ausgezeichneter und berühmter Männer sowohl Italiens als auch des Auslandes, z. B. Mengotti, der Autor des Colbertismus; — Melchior Gioja*), der so viele schöne, sta-

---

*) Starb im Jänner 1829.

tistische Werke schrieb; — Joseph Rasori, gelehrter Arzt; — Romagnosi, berühmter Rechtsphilosoph *); — der Bildhauer Ritter Marchesi u. dgl. mehrere. Somit sey nun in kurzen Umrissen ein flüchtiges Bild des Schicksals und der dermahligen Lage einer der größten, ersten und herrlichsten Städte Italiens gegeben, die so viele Gegenstände der allgemeinen Bewunderung, so viele seltene Reize, so viele Schätze der Kunst und des Alterthumes in ihrem Innern birgt. — Daß Mailand auch in der jüngsten Zeit ein Schauplatz welthistorischer Thaten war; daß es sich späterhin unter dem wohlthätigen milden Scepter Österreichs auf den höchsten Gipfel innerer Cultur emporschwang, daß es an Pracht, Schönheit und Reichthum mit Rom, Neapel und Florenz wetteifert, dafür gilt das Zeugniß der Geschichte, der Ausspruch der gelehrtesten Männer ganz Europens und das Urtheil, welches jeder richtig Denkende und Fühlende fällen muß, wenn er die Vergangenheit mit der Gegenwart in prüfenden Vergleich stellt.

---

*) Starb am 8. Juni 1835.

Skizzen
über die Stadt und Provinz Bergamo.

I. Allgemeines über Provinz und Stadt. — Ursprüngliche Bewohner.

Die Provinz Bergamo (dipartimento del Serio) gehört wohl zu den herrlichsten und schönsten der ganzen Lombardie. Wo nur das Auge hinreicht, findet es die mannigfaltigste und mühsame Cultur des Bodens bis auf den höchsten Grad betrieben, weidet sich an fruchtbaren Feldern, blumigen Wiesen, saftigen Triften, grünen Hügeln mit Weinreben bepflanzt, oder ganzen Strecken, auf welchen der Maulbeerbaum seine buschige Krone zur Schau trägt. Allenthalben findet man Schönheiten und Wunder der Natur, welche dem Forschenden eine reiche Ausbeute für sein Studium geben, den Freund der Natur zum Erstaunen und Entzücken hinreißen, und dem Liebhaber der Kunst und des Edlen zur Bildung und Vervollkommnung gereichen. Zur Annehmlichkeit des Bodens dieser Provinz trägt auch die Gebirgskette bei, welche sie in mannigfaltigen, reizenden Parthien durchzieht, und ihr vor allen übrigen Provinzen einen eigenen, ausdrucksvollen Charakter verleiht. Freundliche Hügel, vom Fuße bis zum Gipfel mit unermüdetem Fleiße und höchster Geduld cultivirt, wechseln daselbst mit pitoresken Gruppen schroffer Felswände in naturharmonischer Verschiedenheit; ein Theil bildet die Fortsetzung des mahlerischen Thales der Adda, während sich im Hintergrunde das Hügelland Brianza, die schönste und lieblichste Landschaft, die sich nur denken läßt, dieser Urquell der lyrischen Poesie, wie sich Pannasch in seinen „Erinnerungen" ausdrückt, nördlich und westlich ausdehnt.

Was wir im Allgemeinen von der Provinz sagen, läßt sich auch im Besondern auf die Stadt anwenden. Sie ist, wie bekannt eine der bedeutendsten des lombardisch-venetianischen Königreiches; nicht bloß ihrer sonderbaren Bauart oder überaus günstigen Lage wegen, sondern auch durch den vorzüglichen Reichthum, durch die Menge von Kunstwerken und Kunstschätzen, durch ihre ausgezeichneten Bildungs- und Wohlthätigkeits-Anstalten und durch den gefälligen Charakter ihrer Bewohner berühmt. — Die Geschichte nennt unter den ersten Bewohnern dieser Provinz die Orobier, ein Nomadenvolk, welches sich daselbst in den frühesten Zeiten niederließ. Dieser Volksnahme entspricht auch ganz der Eigenheit der Landesbewohner, Orobier will sagen „Söhne des Berges." Den Beleg zur ersteren Behauptung gibt Plinius, der an einer Stelle sagt: „Orobiorum stirpis esse Comum, Bergomum et Liciniforum, et aliquot circa populos auctor est Cato" etc. etc*).

Dieses Volk gründete zuerst die Stadt Bergamo, die damahls Barra hieß. Auf die Orobier folgten die Gallier, sodann die Römer und endlich nahmen die Longobarden von derselben Besitz. Auch schon damahls gehörte Bergamo zu den vorzüglichsten Städten in Rücksicht ihres Alterthumes und ihrer politischen Stellung. Schon im Jahre 1428 nahm es Theil an der Republik Venedig, die mit dem Jahre 1796 endete, wo es sodann mit Mailand ein gleiches Loos traf.

Der Reisende erblickt schon von Weitem diese Stadt, wovon ein Theil den Hang eines Hügels krönt und der andere Theil

---

*) Plin. lib. IV. cap. 18, Caesar de bello Gallico lib. 3. cap. 17.

tiefer unten erbaut ist, daher auch der Nahme obere und untere Stadt. Der Weg dahin führt auf einer prächtigen Straße, zu deren Seiten fleißig cultivirte Hügel, Frucht= und andere Bäume, niedliche Ortschaften und Landhäuser mit Weingärten und grünen Fluren abwechseln. Bergamo ist mit Festungswerken umgeben, die noch von Alters herrühren, wo diese Stadt wohl zu den haltbarsten Punkten gerechnet werden konnte; indeß verliert diese Behauptung in unseren Zeiten ihren Werth, wo wir nicht ewige Fehde und Kämpfe zu befürchten haben.

Das Bergsteigen gereicht wohl Wenigen zum Vergnügen, und dieser fatale Umstand ist Ursache, daß mancher bequeme Reisende, dem es entweder an Zeit oder Lust mangelt, sich bis an den Gipfel hinaufzubemühen, diese Stadt mehr mit oberflächlichen Blicken betrachtet, nicht ahnend, welche Meisterwerke der Kunst und welche große Schätze sie in ihrem Innern birgt. Hierzu mag auch der Umstand beitragen, daß wir nur einzelne, unzusammenhängende, oder größere und dabei einseitige Schilderungen dieser merkwürdigen Stadt besitzen. Dank sey es daher einem Inländer, der sich der schwierigen Arbeit unterzog, eine gründliche, umfassende und richtige Statistik der Stadt und Provinz zu schreiben; ein Werk, welches zwar in Bezug der Zahlen mit dem Laufe der Zeit leidet, dessen innere, gehaltvolle Tendenz jedoch immerwährend über den Reichthum, Kunstsinn, Handel und andere Vorzüge Bergamo's die gewissesten und richtigsten Aufschlüsse geben wird.

II. Trescorre und seine Mineralquellen.

Dieser Ort, von Einheimischen und Fremden vielfältig besucht, liegt seitwärts der Straße nach Brescia in einer Entfernung von zehn Miglien von Bergamo. Um dahin zu gelangen, passirt man das Landgut des liebenswürdigen Grafen Giacomo Suardo, nahe an der Straße in einer angenehmen Gegend gelegen.

Weingebirge ziehen sich in lieblicher Abwechslung längs einem Theil der Straße dahin, während sich zur Rechten das Auge des Wanderers an fruchtbaren, von Gräben und Wasserleitungen durchschnittenen Feldern ergötzt. Gleichsam in einem Gebirgskessel, umgeben von den schönsten und seltensten Naturparthien, liegt Trescorre, ein großes wohlgebautes Dorf, das man füglich Marktflecken nennen könnte, mit der prächtigen Villa Gelatti und berühmt durch seine Mineralquellen und Bäder. Bergamo verdankt den Genuß dieses Mineralwassers den Franzosen, welche unter Carl dem Großen, also noch zur Zeit, wo die Provinz unter gallischer Herrschaft stand, diese Quellen entdeckten. Schon damahls wurde daselbst ein Badhaus errichtet, welches darauf zerstört, von dem berühmten Helden und Patrioten Bartolomeo Colleoni 1417 neu aufgebaut wurde. Im Jahr 1580 kam es unter die Direktion des Podestà der Stadt.

Jetzt ist den Badegästen ein nett eingerichtetes, mit allen Bequemlichkeiten versehenes Gebäude eingeräumt. Das Wasser wird innerlich und äußerlich in den mannigfaltigsten Krankheiten mit bewährtem Nutzen angewendet; es hat einen schwefelartigen Geruch und salzsauren Geschmack. Seine Temperatur steht gewöhnlich im Gleichgewichte mit der Atmosphäre. Unweit Trescorre liegt das freundliche Gorlago mit einer kleinen aber ungemein schönen Kirche. Hierin befindet sich ein Meisterwerk des berühmten Mailänder Bildhauers Marchesi, nähmlich der Haupt-Altar, eine kunstvolle, überaus fleißige Arbeit, so wie vortreffliche Gemählde von Moroni und andern Künstlern.

III. Der Lago d'Iseo.

Eine Fahrt nach dem Lago d'Isco gehört zu den höchsten und angenehmsten Vergnügungen. Auf einer stets ebenen, bequemen Straße, zu deren Seiten sich cultivirte Felder und bepflanzte Hügel hinziehen, gelangt man nach einem beiläufig 2½ stündigem Wege nach Sarnico, welches gerade am Eingange des Sees liegt. Früher schon eröffnet sich der herrlichste Prospekt von dem erhöhten Standpunkte eines nahe gelegenen Landhauses, von wo aus man fast den ganzen See überblicken kann. Dieser liegt in einem Gebirgskeffel eingeengt und breitet sich eine geraume Strecke von seiner Mündung in zwei bedeutende Arme zur rechten und linken aus. Er erhielt seinen Nahmen von dem gleichnahmigen Dorfe im brescianischen Gebiethe, welches sich auf dem linken Ufer desselben in einer reißenden Gegend erhebt und wird durch den Fluß Oglio gebildet, der diesen See mitten durchströmt. Er ist sehr tief, fischreich und mehr als fünf Miglien breit. Die Ufer sind mit Ortschaften besäet, theils von dunklen Waldungen und Olivenpflanzungen begränzt, theils erheben sich an denselben steile oftmahls senkrecht abfallende Gebirgsabhänge. Der Mitte des Sees entsteigt ein Berg, den man Montisolo nennt und der ein freundliches Ansehen hat. Die Schifffahrt ist lebhaft, aber doch nicht bedeutend und wird oft durch Stürme, besonders in den drei letzten Monaten des Jahres gefährdet.

Der Tag neigte sich, als ich der herrlichen Ansicht dieses ausgedehnten Wasserbeckens genoß. Die Sonne, bereits im Untertauchen, sandte ihre letzten goldenen Strahlen auf diese grünenden Gefilde und der Wellenspiegel des Sees glänzte im röthlichen Widerscheine des Abends. An den Fenstern der entfernten umliegenden Ortschaften und an den Gipfeln der fernen Hügel, glimmte der Abglanz der scheidenden Königinn des Tages. Hier und da schwamm auf der stillen Fläche unter plätscherndem Ruderschlage ein einsamer Kahn oder in der Ferne ein Schiff mit geschwelltem Segel. — Ich hatte meinen Standpunkt unter dem Schatten lispelnder Öhlbäume und majestätischer Platanen auf einem nahen Hügel gewählt und labte mich an dem entzückenden Anblicke der prächtigen Natur. — Zu meinen Füssen donnerte der Oglio, der sich über gebrochene Felsstücke und Kieselgestein rauschend dahinwälzte; sonst herrschte rings um mich eine heilige ununterbrochene Stille. — Gewiß ein erhabener, unbeschreiblicher Genuß! —

IV. Notizen über die Beschaffenheit und Cultur des Bodens. — Ertrag der Seide.

Bergamo ist gleich der Brianza von Hügeln durchzogen und wenig Provinzen der Lombardie zeigen in ihren Theilen eine schönere und zugleich so harmonische Abwechslung des Bodens. Wenige Schritte vor den Thoren der Stadt tritt man in die herrliche Natur hinaus. Der ganze Landstrich gleicht einem Obstgarten, der von tausend Händen gepflegt im prachtvollen Schmucke der Blüthe dasteht. Im Norden der Stadt erheben sich die sanften Hügel nach und nach zu hohen Bergen, die sich wieder in das Land hinein in flache Abhänge und zuletzt in die Ebene verlieren. Der Charakter der Gebirge ist im Allgemeinen jener der ersten und zweiten Bildungsperiode d. h. es findet sich in vielen Theilen der Granit als Urgestein, während in andern der Kalkstein vorherrschend ist. Manche Gebirgsparthien bestehen größtentheils aus Marmor, wovon sich große Bänke vorfinden, wo dieser Stein in der größten Verschiedenheit seiner Farbe und Härte gefunden, gebrochen und zu den vorzüglichsten und kunstvollsten Werken verwendet wird. Eine Menge von Conchilien trifft man auf den höchsten Gipfeln der umgränzenden Gebirge; und dieß, so wie überhaupt die ganze Bildung der Oberfläche der Provinz, läßt mit Zuversicht schließen, daß sie vormahls unter Wasser gestanden. Wahrscheinlicher, ja ganz sichtbar wird diese Hypothese bey der Betrachtung der Strata von Gorlago *) und Trescorre. Die Flüsse der Provinz sind meistens Torrenten, die zu verschiedenen Jahrszeiten versiegen, aber im Frühjahre mit größter Wuth drohend über die Fels- und Gebirgsmassen in die Thäler herabstürzen. Die vier vorzüglichsten sind der Serio, der Brembo, Cherio und Oglio.

Den Serio kann man mit Recht die Quelle des Wohlstandes und der Fruchtbarkeit der ganzen Provinz nennen. Tausende von Kanälen und Wassergräben sind von ihm aus in die benachbarten Felder, Äcker und Wiesen abgeleitet und tränken dergestalt das umliegende Land. Auch nährt dieser Fluß schmackhafte Fische. Die Agrikultur steht hier auf einer hohen Stufe. Wo nur ein Winkel von Erde zu finden ist, pflanzt der fleißige Landmann die mannigfaltigsten und nützlichsten Gewächse und Futtergräser, und beseitigt durch Mühe und Geduld die vielen Schwierigkeiten und Hindernisse, welche der oft unebene und steinige Boden mit sich bringt. Zum vorzüglichsten Anbau gehört Getreide, Weizen, Gerste, Haber, Reis, alle Gattungen von Gemüse. Weinbau wird mit der nähmlichen Aufmerksamkeit betrieben. Es ist zu bewundern, mit welchem Fleiße der eifrige Landwirth den größten Vortheil aus seinem Erdreiche zu ziehen sucht. Ich habe oft, ja größtentheils Felder gesehen, auf welchen zugleich Futtergräser, Maulbeer- und Obstbäume und Wein-

---

*) Gorlago, gorgola del lago, (Kehle des Sees).

reben gepflanzt waren, die von Baum zu Baum fortgezogen wurden. Welche Ergiebigkeit des Bodens! —

Die meiste Sorgfalt jedoch verwendet der Grundbesitzer auf die Maulbeer- und Seidenzucht; denn die Seide ist der größte und einträglichste Handelsartikel der Bergamasken, wie im Allgemeinen des ganzen Lombardischen Königreiches. Jener Reichthum dieses paradiesischen Erdstriches, jene herrlichen Straßen und Canäle, prächtigen Bauwerke, Kirchen, Palläste, Bildungs-Anstalten u. s. w. so wie das oft ungeheuere Vermögen einzelner Particuliers sind allein Folgen des in die ganze Welt ausgebreiteten Seidenhandels. Ackerbau und besonders Seidencultur erheben die Lombardie nicht nur hinsichtlich ihrer Naturschätze, sondern auch in Rücksicht ihrer Reichthümer zu einem der ersten Länder Europa's. Der Gewinn, welchen die Lombardie aus dem Seidenhandel zieht, beträgt 20—25 Millionen Gulden reinen Ertrag, und hierzu trägt die Provinz Bergamo einen bedeutenden Theil bei. Wunderschön sind die nahen und entfernteren Umgebungen der Stadt, ein fortlaufend fruchtbarer, blühender Garten. Rings um die Stadt sind angenehme Promenaden angebracht, wo man des Sommers im kühlen Schatten einer Kastanien- oder Ahorn-Allee die Reize des Morgens oder Abends genießen kann. Es gibt Standpunkte, von denen aus man die ganze liebliche Stadt mit ihren angrenzenden Vorstädten und regelmäßigen von Zier- und Obstgärten durchschnittenen Häuserreihen überblicken kann. Mit Entzücken schweift das Auge von den grünen Abhängen der nächsten Hügel in die weite unübersehbare Ebene hinaus; und wo es sich nur hinwendet, entdeckt es neue Reize, neue Schönheiten der Natur und Cultur. An heitern Abenden taucht gegen Südwest hin das stolze Mailand mit seiner riesigen Domkirche aus dem Nebelflor am fernen

Horizonte empor, während weiter gegen Süden ein dunkler Streif, — die Appenninenkette sichtbar wird.

V. Canonica.

Dieses große, nett gebaute Dorf, liegt in einer der fruchtbarsten und reizendsten Landschaften des Territoriums von Bergamo am linken Ufer der Adda. Die Straße von Bergamo nach Canonica gehört zu den lebhaftesten; ein Ort folgt dem Andern, und zu beiden Seiten erheben sich an den angenehmsten Punkten freundliche Landhäuser im geschmackvollsten Style erbaut. Das Auge des Reisenden hängt bald an den lachenden Feldern und Wiesen, bald schweift es über die weite grüne Ebene bis zu jenen Bergen hin, die in blauer Ferne den ausgedehnten Gesichtskreis beiderseits begränzen.

Canonica gehört zu den größeren und bewohntesten Ortschaften der Provinz, und führt seinen Ursprung in die ältesten Zeiten hinauf, wovon der bei dem Verbesserungsbau des Pfarrgebäudes gefundene Stein, aus den Tagen der Römerherrschaft, mit folgender Inschrift Zeuge ist:

V. PVPIVS. C. F. TIRO
SIBI. ET. VMBRIAE. M. F.
TERTVLIAE. CON
C. PVPIO. CANDIDO. F.
M. PVPIO. CASTO. FIL.
ALICIAE. SP. F. IVSTAE
MATRI.

welches bedeutet: Vivens (fecit) Cajus Pupius Caji filius Tiro sibi et Umbriae Marci filiae Tertulliae conjugi Cajo Pupio Candido filio, Marco Pupio Casto filio, Aliciae Spurii filiae Justae Matri.

In frühester Zeit hatte dieses Dorf den Nahmen Pontirolo, was von dem römischen Pons Aureoli abgeleitet ist. Hieran knüpft sich eine zweifache historische Erinnerung; theils an jene prachtvolle Brücke, die schon damahls über die Abda führte, theils an den gleich tapfern und grausamen römischen Hauptmann Aureolus, welcher unter der Regierung des Kaiser Claudius in Canonica seinen Tod und seine Grabstätte fand, wie Julius Capitolinus, Gaudenzius Merula und Andere erzählen.

Unter die Merkwürdigkeiten dieses Ortes, den ich auf meinen Fahrten oftmahls betreten, und wo mich so manche liebevoll Bekannten freundlichst aufnahmen, gehört die Pfarrkirche zum heiligen Johannes, ein Meisterwerk der Baukunst, durchaus im neuesten Style. Das Innere zeichnet sich durch zweckmäßige und geschmackvolle Anordnung der Altäre vorzüglich aus, ist reich verziert und mit Gemählden von geschickter Hand ausgestattet. Außerdem befinden sich hier noch andere kleine Kirchen und ansehnliche Gebäude.

Reisende benützen bei der Fahrt durch Canonica die Gelegenheit, um die Anhöhe des am gegenseitigen Ufer der Abda gelegenen Marktfleckens Vaprio zu ersteigen. Von dort aus entfaltet sich dem Beschauer das entzückendste Naturgemählde. Im tiefen Thalgrunde die rauschende Abda, vorwärts das liebliche Canonica, zur Rechten die weite Ebene mit einer Menge von Landhäusern, zur Linken die Ansichten von Osio, Boltieri und andern kleinen Ortschaften, im Hintergrunde die von Bergamo, — und der von Villen und Dörfchen bekränzten Hügelkette.

VI. Ein Wort über die Bildungs- und Wohlthätigkeits-Anstalten der Stadt Bergamo.

Für den Verehrer moralischer und intellektueller Bildung, für den Liebhaber der Kunst und des Schönen, für den Menschenfreund kann es kein höheres Vergnügen geben, als die Erkenntniß des menschlichen Fortschreitens in der Vervollkommnung und Veredlung, wie sich selbe in den bestehenden Lehr- und Studien-Anstalten, gemeinnützigen Instituten, in dem Leben und Treiben einer Nation ausspricht. Der österreichische Kaiserstaat hat in dem Administrationszweige für bildende Kunst und Wissenschaft, dann für gemeinnützige und Wohlthätigkeits-Anstalten einen hohen Grad der Vollkommenheit erreicht, und es bedarf nur eines oberflächlichen Vergleiches, um zu erkennen, wie sehr er darin so manchem Andern voran steht.

Raum und Zweck dieser Zeilen erlauben nicht über die Anstalten Bergamo's, so wie über den Grad von Wissenschaft und Bildung der Einwohner im Detail zu urtheilen; der Verfasser erlaubt sich hier nur eine gedrängte Übersicht des Merkwürdigsten.

Die Stadt zählt mannigfaltige größere und kleinere Institute, die Normalschule, das Gymnasium, das Lyceum, das Museum, welches viele Schätze der Literatur, Kunst und des Alterthumes enthält; ein Atheneum, früher aus zwei Akademien bestanden, einer für schöne Künste und Wissenschaften (accademia degli eccitati) und einer für ökonomische Gegenstände, Agrikultur, Mineralogie und Handel (economico arvale): die Glieder beider akademischen Fächer haben sich dermahlen unter dem Vorsitze eines Präsidenten in Eine Gesellschaft vereint, das vaterländische Atheneum errichtet, welches die Ehre genießt, Se. k. k. Hoheit den Erzherzog Vicekönig Rainer unter seine Mitglieder zu zählen.

Wohlthätigkeits-Anstalten sind in Bergamo sehr viele, worunter sich besonders auszeichnen: das Arbeitshaus, das große Krankenhospital, Waisen- und Armenhäuser für beiderlei Geschlecht. Unweit der Stadt erhebt sich in einer freundlichen Gegend am Abhange eines Hügels das durch milde Beiträge gegründete Irrenhaus, mit allen möglichen Bequemlichkeiten und den trefflichsten Einrichtungen versehen, dermahlen unter der Inspektion des ausgezeichneten Dr. Longaretti. Auch bestehen in Bergamo noch ansehnliche Stiftungen zur Unterstützung der ärmern Klasse, worunter die des berühmten Generals Colleone vorzüglich zu bemerken ist.

VII. Die Mahlerschule (Accademia Carrara).

Diese ausgezeichnete Anstalt verdankt ihre Entstehung dem Grafen Jacob Carrara. Derselbe gehörte unter die geachtetsten und geliebtesten Männer seines Vaterlandes, und verband mit großer Liebenswürdigkeit und Menschenfreundlichkeit einen hohen Sinn für das Studium der schönen Künste und Literatur. Schon frühzeitig wandte sich sein Geist nach jenen Regionen, wo damahls die ersten Meister im Gebiethe der Musen ihren Sitz hatten, nach dem ehrwürdigen Rom und nach Florenz. Aber nicht allein hier, sondern in allen Theilen Italiens suchte er den Genius seiner Nation kennen zu lernen, und bereicherte sich dergestalt mit einem Schatze von Erfahrungen, die er bei seiner Rückkehr auf die herrlichste, und für das allgemeine Wohl so günstige Weise in Anwendung brachte. Lange beschäftigte er sich mit der Idee ein Institut zu gründen, und mit allem Nothwendigen auszurüsten, um seinen Landsleuten Gelegenheit zu geben, daselbst unter der Leitung berühmter Künstler und Meister ihr Talent ausbilden zu können. Er kaufte daher, so weit es ihm seine finanziellen Umstände erlaubten, die vorzüglichsten Gemählde und Meisterwerke jeder Mahlerschule, und ließ selbe in den verschiedenen Sälen einer von ihm eigens erbauten Anstalt, mit sorgfältiger Wahl, und zur öffentlichen Besichtigung und Benützung aufstellen. Dieses Institut: Accademia Carrara genannt, befindet sich an einem sehr vortheilhaft gelegenen Platze des Borgo S. Tomaso zu Bergamo, gewährt in seiner Bauart von Außen einen sehr wohlgefälligen Anblick, und zeichnet sich auch in der innern Anordnung durch geschmackvolles Verhältniß und zierliche Eleganz aus. Hier wurden auf Kosten des Gründers zwölf Jünglinge der Provinz Bergamo unentgeltlich unterrichtet, und späterhin der Zutritt auch andern talentvollen Knaben erlaubt. Der Unterricht erstreckte sich auf alle Zweige der Architektur, Sculptur, Mahlerei, überhaupt der schönen Künste. — Der Gründer selbst suchte durch seine stäte Gegenwart und durch die zweckmäßigsten Verbesserungen den Werth seiner Anstalt zu erhöhen, als er plötzlich am 20. April 1796 ein Raub des Todes wurde. In seinem Vermächtnisse bestimmte er alle seine Güter und Schätze der von ihm schon in bedeutenden Flor gebrachten Schule, und bat zugleich viele der ausgezeichnetesten Künstler seiner Nation, so wie seine besten Freunde für das Fortkommen der Anstalt möglichste Sorge zu tragen. — Seine Gattinn, eine geborne Gräfinn Passi, ergab sich mit größter Bereitwilligkeit in den letzten Willen ihres Mannes, und behielt sich nur so viel des Vermögens um anständig leben zu können. — Vor Kurzem betrat ich an der Hand des berühmten Künstlers Diotti diese herrliche Anstalt. In den untern Sälen fand ich Gemählde von den vorzüglichsten Meistern, von Rubens, Mengs, Tintoretti, Guido Reni, Albrecht Dürer u. s. w. Dann befindet sich daselbst eine recht artige Bibliothek, so wie eine Zeichnungs= und Medagliensammlung. Von hier aus ging ich in das Studium des von seinen Schülern gleich einem Vater geliebten Professors Diotti. Dieser Mann widmet sich mit allem Eifer der Bildung der studierenden Jugend, und findet seinen höchsten Lohn in dem Ruhme seiner Schüler. Die italiänische Nation rechnet diesen gefeierten Künstler zur Zahl der Ersten und Vorzüglichsten, und wer sich von seinen Lebensverhältnissen, so wie von der allgemeinen Achtung und Liebe, die er genießt unterrichten will: der lese die in der römischen Zeitschrift „Tiberino" unlängst über ihn erschienene Biographie. Mit ihm vereint wirkt in den Zweigen der Architektur der gelehrte Professor Bianconi. Von innigem Wohlgefühle muß der Fremde ergriffen werden, der die Stadt Bergamo betritt und in ihr so viele gemeinnützige, und zugleich so ausgezeichnete Institute und Wohlthätigkeits=Anstalten findet. Es dünkt ihm, als hätten dort die Einwohner einen engen Familienzirkel geschlossen, dessen jedes Glied durch Rath und That zur allgemeinen Unterstützung bereit ist. — Segen über euch, ihr edlen Freunde des Vaterlandes und der Menschheit!

VIII. Zwei bedeutende Kunstwerke in der Kirche St. Maria Maggiore.

Ausgezeichnete berühmte Werke von Menschenhand ausgeführt, üben auf das Gemüth des Forschenden einen großen, erhabenen Eindruck. — In der Kunst äußert sich der Hauch der Gottheit, das Bestreben, ihren hohen Werken, den Produkten der Natur ähnliche zu machen; in der Kunst offenbart sich die Hoheit des menschlichen Geistes; denn durch die Hervorbringung des irdischen Staunenswerthen deutet jener seine Verwandtschaft mit dem Übernatürlichen an. So verschieden der Eindruck der sich darstellenden Bilder auf unsere Seele wirkt, eben so verschieden sind die Produkte der Kunst: der Mahler bewundert Proportion und Farbenschmelz seiner Zeichnung, der Bildhauer Anmuth und Form seiner Statue, der Baumeister den Geschmack und die Übereinstimmung der Theile seines aufgeführten Gebäudes u. s. w. Doch Vieles, das hier in seiner ganzen Pracht und Majestät vor unseren Blicken liegt, dünkt uns Zauberwerk zu seyn; und man geräth manchmahl durch das Alter des Werkes begünstigt, in Zweifel, ob denn wirklich Menschenhand im Stande war, es zu erzeugen.

Mit dem Vorsatze das Geheimniß näher zu entwickeln, welches zwischen Natur und Kunst liegt und das Irdische an das Göttliche bindet, trat ich in das gefeierte Land Italien ein, und das Schicksal bestimmte mir unter Andern auch Bergamo auf einige Zeit zu meinem Aufenthaltsorte. Eine entzückende Lage, hoher Grad von Kultur der Umgebung und endlich der Biedersinn und liebreiche Charakter der Einwohner begünstigten mein Vorhaben. Ich wußte schon früher, daß diese Stadt, abgesehen von Reichthum und anderen Vorzügen, in ihrem Innern noch bedeutende Schätze hinsichtlich der Sculptur, Mahlerei, und anderer schöner Künste, die so einflußreich auf das Herz des Fühlenden wirken, berge. — Reisebeschreibungen und mündliche Mittheilungen lobten mir aber besonders die in der obern Stadt befindliche Kirche S. Maria Maggiore; theils der sonderbaren, kunstvollen und großartigen Bauart wegen, theils auch, weil sie das Mausoleum des berühmten geschichtlich bekannten Venezianischen Generals Colleone enthält, und zu ihren vortrefflichsten Schätzen auch ein Gemählde, die heilige Familie darstellend von der bekannten Künstlerinn Angelika Kauffmann, rechnet. Unmöglich konnte ich daher dem Drange widerstehen, diese Kirche eines Morgens prüfend zu betreten. Ich trat in das Gott geweihte Heiligthum; — die Morgensonne hatte so eben ihr leuchtendes Antlitz über die Gegend erhoben, und ein melancholischer Schein röthete die hohen gothischen Fenster; einsame Strahlen glimmten an den goldenen und silbernen Verzierungen des Altars und erhellten hie und da die finsteren Gruppen der Kirche. — Todtenstille herrschte; — in das Dunkel eines Bethstuhles gehüllt, oder vor dem Allerheiligsten knieten einsame Bether, abgeschieden von der lärmenden Welt ihr Opfer dem Herrn zu bringen. O auch ich fühlte mich ganz von heiligem Empfinden durchdrungen. Ehrfurcht und Andacht ergriffen meine Seele beim Anblicke dieser hohen und prachtvollen Werke; mit langsamen Schritte ging ich unter den kühnen Gewölben umher; mein Auge hing entzückt bald an den hohen Bögen, die sich ober meinem Haupte wölbten, bald an den hoch emporragenden Säulen und den prachtvollen Ornamenten. Erstaunen, stumme Bewunderung ergriff meine Seele; ich dachte mich zurück in das Zeitalter, dem diese riesigen Massen ihr Entstehen verdankten; Bilder der Vergangenheit tauchten aus dem tiefsten Innern meiner Brust auf, und ließen mich im Spiegel der Gegenwart nur einen fahlen Schimmer ihres ehemahligen Glanzes erblicken.

Ein Geistlicher trat aus der Sakristei, und kam lächelnd auf mich zu, der ich im Anschauen dieser herrlichen Produkte menschlicher Kunst versunken war.

Anfangs mich über die Geschichte der Kirche unterrichtend, fragte er mich, ob ich denn schon das Mausoleum Colleone's gesehen, und da ich es verneinte, führte er mich in eine rechts seitwärts gelegene Kapelle. — Wir traten hinein; gerade schlug die Stunde zur Meße; der Priester drückte mir sich empfehlend die Hand, wies einige Mahle auf das Denkmahl hin, und verschwand. Da stand ich nun ganz allein, mir selbst überlassen. Vor mir erhob sich des Helden colossale Statue, zu meiner Rechten aber hing ein Gemählde in der Mauer, welches ein räthselhafter Schleier meinem Anblicke verhüllte.

Ich betrachtete zuerst Colleone's Mausoleum: —

Vier Säulen*) tragen eine Gallerie, auf welcher eine etwas kleinere basreliefartig gebaute steht. Über die Letztere erhebt sich unter einem Bogen, (alles von carrarischem Marmor) die Statue dieses berühmten Mannes. Er ist zu Pferd, welches wie der Reiter bronzirt ist.

Zu beiden Seiten befinden sich in der Mauer schwarze Platten, auf welchen die thatenreiche Lebensbahn dieses Mannes von seiner Geburt bis zu seinem erfolgten Hingange, in lateinischer Sprache geschildert ist. — Das Denkmahl hat im Ganzen bei vier Klafter Höhe. Gallerie und Seitenwände sind mit Gemählden aus der biblischen Welt geziert und zeichnen sich durch Feinheit und Präcision der Arbeit besonders aus. — Die Geschichte nennt den Nahmen dieses Helden mit Ehrerbiethung**); er war in venetianischen Diensten zur Würde eines Generalcapitains gestiegen und erbaute zu Folge eines Gelübdes, im Jahre 1470 die besagte Kapelle, mit der Anordnung, seine irdische Hülle daselbst beizusetzen.

Begeistert von dem Anblicke dieses erhabenen Kunstwerkes, wandte ich mich wieder zu dem verschleierten Bilde. Ahnend das Meisterprodukt jener berühmten Künstlerinn, zog ich an der Schnur, und sieh' da: die heilige Familie stand lebend in ihrer

---

*) Im Grunde genommen acht; die rückwärtigen vier Säulen sind jedoch nur Stukatur-Arbeit in der Mauer, an welche das Denkmahl gebaut ist.

**) Er war auch der Erste, der die Kanonen zum öffentlichen Kriegsgebrauch im Felde einführte.

Pracht und Glorie vor meinen Blicken. Ich sage lebend, denn dieses übereinstimmende Verhältniß aller Theile des Gemähldes, diese Frische, dieser Reichthum und Schmelz der Farben ist unbeschreiblich. Wahrhaftig eine erhabene, gefühlvolle, ungemein schöne Composition! — Im Schatten eines Fruchtbaumes lagert die heilige Familie. Maria blickt mit zärtlichem Wohlgefallen auf ihren Sohn Jesus, der an ihren Schooß gelehnt lächelnd mit einem sich an ihn schmiegenden Lamme spielt*).

Johannes der Täufer ist herbei gekommen und reicht dem Thiere gutmüthig aus einer Schale labenden Trunk. Joseph greift mit väterlicher Besorgniß nach der Frucht, um seinen himmlischen Pflegesohn, den göttlichen Heiland mit der süßen Gabe zu erquicken. Der Charakter der Personen ist untadelhaft gehalten. Ausdruck, Mienenspiel, Lebhaftigkeit des Colorits, Schönheit der Idee; alles trägt dazu bei, dieses Bild unter die gelungensten Stücke der erwähnten Künstlerinn zu zählen. — Der gewölbte Plafonds der Kapelle ist von dem bekannten Tiepolo gemahlt; andere bemerkenswerthe Gemählde ausgezeichneter Meister schmücken die Wände: Ismaels und Hagars Flucht aus dem Hause Abrahams von Casparo Landi, und Tobias von seinem Sohne wieder sehend gemacht, ein Meisterstück des gefeierten Diotti, sprachen mich hierunter vorzüglich an.

---

*) Ich erlaube mir hier eine kleine Bemerkung: Nicht allein mir, auch andern Umstehenden fiel in dem göttlichen Kinde eine gewisse Steifheit des Körpers auf, welche durch das Aufheben des rechten Armes erzeugt wird; das Kind muß nothwendig auf dem linken Fuße gestützt stehen, wodurch die Verkürzung derselben Seite unwillführlich merkbar wird. — Kein Fehler im richtigen Ebenmaße und sonstiger Proportion der Glieder, aber auf das Auge macht es einen etwas ungünstigen Eindruck.

IX. Das Irrenhaus bei Bergamo *).

Dasjenige, welches den Menschen zum Herrn der Welt geschaffen, was ihn siegreich über jedes lebende Wesen emporhebt, ist die Vernunft, jenes magische Band, welches den Erdensohn an die himmlischen Geister kettet. Nur die Vernunft lehrte den Menschen den Gebrauch, die Anwendung seiner Sinneswerkzeuge, nur die Vernunft konnte ihn auf den hohen Grad dermahliger Bildung erheben, ihr nur verdankt er den Genuß der Erkenntniß seines unendlich schönen Wirkungskreises und nur in Ein zaubervolles Geheimniß drang sie noch nicht: in das Wesen einer höheren übernatürlichen Macht. — Hier tritt der Mensch aus der geistigen Sphäre seines Wissens und seiner Erkenntniß wieder in das kalte Irdische zurück, demüthig sein Unvermögen, seine Schwachheit fühlend, und es bleibt ihm nur die leise aber beglückende Ahnung, daß ober ihm etwas Höheres schwebe — etwas Unendliches, welches sein Begriff nicht umfassen kann. O wie wohlthätig war der Schöpfer gegen uns! mit welch' schönem Abglanze seiner Herrlichkeit hat er uns erleuchtet! — Öde und düster wäre es um uns her ohne dieses Kleinod; nun aber hat sich aus dem Chaos die himmlische Ordnung in der reichhaltigsten Mannigfaltigkeit gebildet. Der rohe Felsboden wurde zum blühenden Garten umgewandelt, Städte und Palläste entstiegen der Erde und dem Meere, Künste und Wissenschaften heiligten

---

*) Der Verfasser hat schon einmahl im Vorübergange unter Nr. VI. auf die'e Wohlthätigkeits-Anstalt hingewiesen. Nachdem ihm von dem leider zu früh verstorbenen Herrn Giovanni Locattelli in Bergamo nähere Details über dieses Institut mitgetheilt wurden, unternahm er nach gepflogener Selbstbesichtigung die ausführlichere Schilderung desselben. Der berühmte Doctor Pallazzini in Bergamo lieferte hierüber ebenfalls eine interessante Schrift: „Notizie storiche intorno la casa de' pazzi della maddalena."

die Bande der Menschheit; freundlich näherte sich der Nordländer dem Süden und der Britte schüttelte dem Asiaten die Hand; denn sein Geist strebte das Gleichfühlende zu suchen, und mit geschickter Hand durchschnitt er das stürmende Meer, den Bruder zu umarmen. Und diese beglückenden Gaben, dieses segenvolle Licht, welches den Menschen vom Thiere unterscheidet, löscht ein unheilbringendes Geschick bei Manchem erbarmungslos aus und an seine Stelle tritt der Wahnsinn, — die Raserei, — ein lebendiger Tod. —

Der Zustand eines Irrsinnigen bewegt den Fühlenden zum innigsten Mitleid, sey es nun, daß sich der Betreffende in dem Bewußtseyn unnennbaren Glückes oder Unglückes befindet. Der Kenner bemerkt gar wohl, daß aus dem Lächeln des Narren nur der Fieberfrost des Wahnsinnes spricht, während bei dem sich unglücklich Fühlenden der Kummer im Innern verschlossen scheint, oder der Schmerz und die Wuth sich im ausgelassenen Toben, Herumschlagen, Fluchen u. s. w. äußert. — Ein Solcher ist nun für die menschlich gesittete Gesellschaft verloren, und er wird aus dem Kreise einer liebevollen Familie und theuerer Freunde, aus seiner schönen Wirkungssphäre, in der er dem Staate und seiner Umgebung ein Glücksstern war, in die todte Einsamkeit, und in die schauerliche Mitte seiner gleichen Genossen verbannt. Mit beklommenem Herzen, ergriffen vom Gefühle der Wehmuth, betrat ich in Gesellschaft eines verehrten Gönners, jenes Haus, welches diesen Unglücklichen für die Zeit ihrer Krankheit, für den größten Theil ihres Lebens und oft auch zum Ziele ihrer irdischen Laufbahn angewiesen ist; es liegt in einer angenehmen reizenden Gegend, beiläufig eine Stunde von Bergamo, am Abhange eines Hügels erbaut. — Der Inspektor der Anstalt empfing uns mit freundlicher Miene und stellte uns zugleich einen unglücklichen Jüngling vor, den er im Arm führte, und der sich schon auf dem Wege bedeutender Besserung befand; mehrere gutmüthige Irren waren im Hofe versammelt und drängten sich um uns, froh, wieder einen Fremden zu erblicken. —

Das Haus ist in mehrere Stockwerke getheilt, in welchen sich die bestimmten Abtheilungen für die verschiedenen Geistes- und Gemüthskranken befinden. Welche Reinlichkeit und Ordnung in diesen Gemächern und überhaupt in dem ganzen Gebäude! Mit welcher Sorgfalt ist man bedacht, diesen Armen ihre Tage zu erleichtern, und sie dem wüsten Sinne, der ihre Seele umflort, zu entziehen! —

Der Inspektor, zugleich Doctor, führte uns in alle Theile und Gemächer der Anstalt. Wir fanden unter den Kranken mehrere bedeutend schwere, dann Rasende und Gutmüthige beiderlei Geschlechtes. Jedem begegnete unser Führer mit Milde und Freundlichkeit, Jeden nannte er beim Nahmen, befragte ihn um seinen Zustand, versprach ihm baldige Besserung und es war wirklich rührend, wie sich die Pflegekinder, auch durch den düstern Schleier, der ihre Erkenntniß trübte, den Freund und Vater erkennend sich um ihn drängten, die geliebte Hand zu küssen.

Es war gerade die Zeit zum Abendmahle; — mit entblößten Häuptern standen die Unglücklichen im Kreise und murmelten ihr Gebeth; einige falteten im Eifer der Andacht die Hände hoch zum Himmel, und die Andern standen da mit gesenktem Haupte, traurig in den Boden blickend. Gewiß ein herzzerreißendes Schauspiel! — Wir eilten betrübt von dieser Scene und ich kämpfte mit der Beantwortung der Frage, warum der Himmel diesen verlassenen Armen zu ihrer Selbstpein noch das Leben lasse und ob es denn gerecht sey, denjenigen, der vielleicht sein ganzes

Leben hindurch nach Rechtlichkeit und frommen Sinn strebte, mit der Gabe der Unvernunft zu lohnen! —

Ein schnatternder Lärmen weckte mich aus meinen Gedanken, wir waren in das Departement der Frauen gekommen. Kaum wurden sie unser ansichtig, so sprangen sie in wilder Freude auf uns zu, und jede hatte eine Bitte, Erzählung oder sonst etwas Merkwürdiges anzubringen, so daß wir Gewalt brauchten wieder loszukommen.

Von hier aus führte uns der Herr Inspektor in das Vorraths-Magazin, worin sich alle möglichen Materialien zur Bändigung der Rasenden, Kleidung, Wäsche ꝛc., in schönster Ordnung befanden. Die Bändigungs-Werkzeuge sind jedoch nicht Ketten und Schlösser, wo man schon durch den Anblick dem Unglücklichen Muth und Vertrauen benimmt, und ihn zum Sträfling stempelt; sie bestehen aus weichen starken Binden und Riemen, Handschuhen und an den Ärmeln geschlossenen Hemden. Die Kleider sind einfache Röcke von Tuch, für Männer und Weiber aus demselben Stoffe erzeugt.

Die Küche zeichnet sich vorzüglich durch Reinlichkeit und wohlgewählte, gut gekochte Kost aus; Fleisch, Wein und Brot, die übrigen Victualien sind von der besten Qualität. Die Kranken erhalten ihr Frühstück, Mittags- und Abendmahl. — Im untersten Stockwerke befinden sich gemeinschaftliche und abgesonderte Bäder für beiderlei Geschlecht, auch ein Zimmer ganz mit Matratzen ausgepolstert, um Tobende unbeschadet ihrer Wuth überlassen zu können.

Am Schlusse finde ich mich noch verpflichtet über die dermahlige Behandlung dieser Geistesarmen zu sprechen. Welche Worte soll ich wählen, mein Gefühl und meine Ansichten hierüber auszudrücken? Keine böse Miene ist in dem Gesichte des

Pflegers zu lesen, kein schreckender Laut entschlüpft seinem Munde, Jeden behandelt er mit freundlicher Theilnahme und Alle betrachten ihn als ihren Freund und Vater. Ja, dieß ist die wahre Art derlei Unglückliche zu behandeln und sie vor Verzweiflung zu bewahren; nicht jene störende Rauheit, wodurch man jedes, das roheste und sanfteste Gemüth von sich abwendet. — Der Herr Inspektor Dr. Gaetano Longaretti, dessen Nahme von jedem Menschenfreunde mit dem Gefühle der Hochachtung ausgesprochen wird, versicherte uns, daß durch eine zarte Behandlung der Kranken, ein großer Theil zur Wiedergenesung vorbereitet und gebracht wird. Erst vor Kurzem bereicherte er die medicinische Literatur mit einer Schrift über den Zustand des besagten Institutes nebst einer Abhandlung über die vorzüglich um Bergamo herrschende Krankheit Pellagra*). Im gefälligen Style schildert er hierin die Gattungen der verschiedenen Geisteskrankheiten, gibt die ehemahlige Zahl der in der besagten Anstalt befindlichen Kranken im Vergleiche mit der nun bedeutend verminderten an, geht sodann zur Tendenz des Menschenfreundes über und beschließt sein Werkchen mit einer erbauenden Betrachtung über den Werth der Erhaltung des Menschen. Lasset auch uns im Verborgenen jenen Unglücklichen eine Thräne des Mitleides weinen; — jeder Gefühlvolle muß bei der Betrachtung des Lebens dieser Geisteskranken von einigem Schmerze ergriffen werden. Ja, der Mensch ist ein armes, schwaches Geschöpf! ein Spielwerk des Zufalles und des launigen Schicksals! Ein Wink, ein Augenblick, und er sinkt von der schwin-

---

*) Quadro statistico dei Mentecati ricoverati nell' Asilo d'Astino in Bergamo, dal 7. Novembre 1832 al 7. Novembre 1833; ed alcuni cenni sulla Pellagra. Del dottor Gaetano Longaretti, Ispettore medico chirurgo dell' ospicio. — Bergamo 1833. —

belnden Höhe seines geistigen Lebens in das Nichts, zum unvernünftigen Thiere herab.

Und wie Viele hat nicht das Unglück der Geistesverwirrung durch plötzlichen Schmerz, Freude, Leidenschaft oder sonst einen erschütternden Zufall getroffen! — Aber da hat ihnen der liebreiche Nächste ein Asyl erbaut, welches den Verlassenen mit offenen Armen empfängt, ihn tröstet und von seinem Schmerze heilt. — Dank dir, Monarch und Vater, Beglücker deiner Unterthanen, der solche Unternehmungen gnädig unterstützt und belohnt; Dank euch Allen, die zur Gründung dieser wohlthätigen Anstalt vom reinen Mitgefühle beseelt, nach Kräften beitrugen; — Dank endlich dir, edler Menschenfreund, der sein Leben den armen, bedrängten Mitbrüdern opfert, sie der Welt wiedergibt oder sie tröstend bis zum letzten, ernsten Schritte geleitet, du hast Dir das schönste Denkmahl selbst gesetzt, und dein Nahme wird fortleben in der Brust des Menschenfreundes und der Geretteten.

X. Betrachtungen über Bergamo's Festungswerke.

Ein werthvoller Gegenstand geschichtlicher und wissenschaftlicher Betrachtung sind jene hohen stolzen Ringmauern, die noch heut zu Tage die Stadt Bergamo an den bedeutendsten Punkten, und nur wenig unterbrochen umgeben. Diese Festungswerke widerstanden seit einer Reihe von Jahrhunderten mit unüberwindbarer Kraft dem Andrange wilder Feindeshorden und dem gefräßigen Zahne der Zeit, und es ist wahrhaftig erstaunlich, wie jene Bauten an manchen Orten gleichsam neu und wie vor Kurzem errichtet scheinen, was von der Güte des Materials und der soliden Bauart zeugt. Der Geschichtsfreund kennt die Schicksale, welchen Bergamo von ältesten Zeiten her unterworfen war;

im Anfange seiner Existenz, wo noch das Recht des Stärkern galt; später als die Völkerwanderung barbarische Horden ins Land der Hesperiden führte, die den friedlichen Gesetzen Hohnlachend im Taumel ihrer Rohheit und Eroberungssucht mit eiserner Hand den widerstrebenden Südländer niederschlugen, und endlich, als Rache und Partheiwuth Bürger gegen Bürger, Bruder gegen Bruder hetzten, daß sie im fanatischen Eifer einander selbst den Dolch in die Brust stießen; — fast immer spielte Bergamo in diesen Perioden eine gewichtige Rolle, und wo andere muthlos fielen, hob es sich mit größerer Kraft empor, um dem Sturme zu trotzen, und die Ehre der Tapferkeit und des Sieges an sein Panier zu knüpfen.

Der erste Anblick der Stadt zeigt, daß sie auf drei Hügeln erbaut ist, wovon der östliche S. Eufemia und jener gegen Westen S. Giovanni di Arena heißt. Der dritte erhebt sich zwischen beiden unweit der Kirche S. Salvator. Diese natürlichen Befestigungen, wie man füglich sagen könnte, wo ein Punkt dem andern so vortheilhaft zur Unterstützung diente, wurden späterhin durch Wissenschaft und Kunst zu kräftigen Werken umgeschaffen.

In den Blättern der Vorzeit lesen wir, daß die Hetrusker die Ersten gewesen, welche die Kunst des Mauerns in Italien anwandten; größtentheils verdankt Bergamo seine Befestigungen diesem Volke, welches damahls seine Herrschaft auch über dieses Gebieth ausdehnte. Sie führten Mauern von großen Quadersteinen auf, die an Festigkeit den unsrigen bei weitem vorstanden, und schon zu jener Zeit gestaltete sich die Ansiedlung auf dem östlichen Hügel zu einem starken Fort, während sich auf dem westlichen ein festes Amphitheater erhob, welches, wie der Stadt

Rom das Capitol, — den Einwohnern zur äußersten Gegenwehr diente.

Durch vier Thore, an den vorzüglichsten Punkten errichtet, und mit Fallgittern versehen, trat man in das Innere der Festung. Zur Seite jedes Thores stand zur Vertheidigung ein hoher Thurm, von denen noch jetzt die Thürme del Pantano und von S. Lorenzo zu sehen sind. Die Bevölkerung theilte sich nach den vier Thoren auch in vier Quartiere, jedes unter dem Commando eines Hauptmanns oder Confalonieri. Die alte Stadt war sehr gedrängt gebaut, die Gassen eng und winkelig, die Häuser hoch und die Wohnungen klein und finster. Die alte Befestigung erstreckt sich von Thor zu Thor laufend, bald steigend, bald fallend, rings um die ganze Stadt, und selbst in einigen nahe gelegenen Ortschaften findet man noch bedeutende Überreste und Schanzen, die zur Hauptbefestigung gehören mußten. Dieß führt auf den Schluß, daß Bergamo in der Vorzeit eine sehr bedeutende Ausdehnung haben mußte *). Noch heutigen Tages sprechen in den Umgebungen der Stadt, umherliegende theils eingestürzte, theils noch stehende Säulen, Bogen, Pfeiler, u. dgl. für die Wahrheit dieser Behauptung.

Das Fortschreiten der Kriegskunst übte auf die Befestigungskunst einen wohlthätigen Einfluß, was auch bei den in Rede stehenden Werken sichtbar ist; alle Zeitalter wirkten auf dieselben und während man sie an einigen Stellen in ihrer Kindheit findet, erheben sie sich auf andern Punkten, vermuthlich jenen, die

---

*) Man hat sogar behauptet, es habe an Größe Rom übertroffen, und dafür aus einem auch in Salvioni (origine delle antiche e nuove fortificazioni in Bergamo) angeführten lateinischem Gedichte die Verse citirt:
„Passibus emensis quasi mille rubentis ab ora
„Aurorae scopulis rigidis sedet illa decora."
(Moyses de Laud. Bergom. 1596).

den Belagerten zum Schutz gegen Angriffe am Günstigsten schienen, im neuen Geschmacke und nach den Grundsätzen der besten Meister. Ich habe den Eufemischen Hügel und den Monte S. Vigilio, so wie die angrenzenden Anhöhen zu wiederhohlten Mahlen bestiegen, und jedesmahl lohnte mich eine neue Entdeckung. So fand ich z. B. auf den Höhen, wo dermahlen das Castell steht, noch jene Rundelle oder runden Thürme, die nach der Schußweite der im Gebrauch stehenden Feuerwaffe erbaut und auch zur Einnahme der Geschütze bestimmt waren, die dem fünfzehnten und sechzehnten Jahrhunderte angehören, und von dem berühmten Veroneser Michele Sammicheli mehrentheils angewendet wurden; auch jene Gewölbe fehlten nicht, unter deren schützender Decke das Geschütz durch die in den Seitenmauern angebrachten Schieß=Scharten spielte. Weiter abwärts am Fuße der genannten Hügel steht das Thor S. Alessandro mit zwei Bastionen zu den Seiten, die schon späteren Systemen angehören, und wovon die eine zur Rechten mit zurückgezogenen Flanken eckig, und jene zur Linken mit Orillons befestigt ist; Courtine, Flanken, Façen sind noch im besten Zustande, deßgleichen auch jene vor dem Thore S. Augustino, wo die links stehende Bastion durch ein Reduit verstärkt ist, und von wo aus über den breiten Wallgraben eine solid erbaute Brücke in den untern Theil der Stadt führt. Auch trifft man bei der Untersuchung dieser Werke auf mehrere Poternen mit Ausfallthoren; von der größten darunter, nähmlich der vom Castell längs dem Rücken des Hügels bis in die Stadt laufenden, spricht auch der große Condè in seiner „Voyage en Italie" (Paris 1634).

Als Venedig die Oberherrschaft über die Provinz Bergamo ausübte, wurde viel an den alten Bollwerken verbessert, und unbezweifelt ist es, daß die gefeierten Architekten Bonajuto Lorini ein Florentiner, und Paolo Berlendis, in den Jahren 1526—1561 mit unermüdetem Fleiße an den Festungsbauten arbeitend, — Dürer's, Bellucci's, Schwendi's u. a. Meister aufgestellte Lehren mit Erfolg in Anwendung brachten. Spätere Kämpfe und die wichtige Lage Bergamo's gegen die übrigen Nachbarstaaten, machten die Verbesserung der früheren und die Errichtung neuer Festungswerke unumgänglich nothwendig; — als aber jene Kämpfe schwiegen, besonders nachdem die Republik dem monarchischen Scepter wich, und die Grundsätze der neueren Strategie mit politischer Einsicht den Werth mancher Festung zu brechen wußten, ja, schon zu Ende des siebenzehnten Jahrhunderts ruhten die früher so lebhaften Arbeiten; was errichtet war blieb, oder wich der Gewalt des eigenen Verfalles. Über das geschichtliche Detail dieser Stadt wird der wißbegierige Leser in den vortrefflichen Werken eines Lupi, Ronchetti, Rocca, Moroni und Maironi Daponte u. f. w. Belehrung und Aufschluß finden. Daher schließe ich diese Abhandlung und zwar mit den schönen und gewichtigen Worten eines Bergamasken: „Jene ho„hen Thürme und stolzen Mauern, die so oft der Wuth wilder Bar„baren trotzten, sind nun gefallen und werden den Einflüssen der „Zeit vielleicht gänzlich unterliegen. Auch jene festen, großarti„gen Bollwerke, Zeugen unserer kriegerischen Macht und Stärke, „sind nun nichts mehr, als ein überraschendes Schauspiel für „den staunenden Fremden. Aber sowohl die Einen als die Andern „gehören uns an und werden immer würdige Gegenstände vater„ländischer Erinnerung bleiben."

Ueber
Lecco und die neue Militärstrasse
durch das
Valtelin über das Stilfser Joch nach Tyrol.

I. Lecco.

Campo e giardin, lusso erudite, e agreste semplicità.
(Pindemonte).

Dort, wo die Abda aus dem Lago di Como strömmt, am östlichen Ende dieses See's, liegt in einer der reizendsten Gegenden der Lombardei der große Marktflecken Lecco. Hohe Felsberge auf der einen, die Silberfluthen des Larius auf der andern Seite, eine Menge freundlicher Dörfchen, Villen, prachtvolle Zier- und Obstgärten, üppige Wiesen und Felder umgeben diesen bemerkenswerthen Ort, der nicht nur seiner ungemein lieblichen und zugleich pitoresken Lage wegen, sondern auch als wichtiger sich stets mehr hebender Handelsplatz ein Gegenstand allgemeiner Aufmerksamkeit ist. Wohl kein Reisender, der Italiens Gefilde besucht, unterläßt es, das gepriesene Gebieth von Lecco zu betreten, schon größtentheils aus dem Grunde, weil von diesem Orte beginnend, die merkwürdige neue Militärstraße in das Valtelin und Tirol geführt ist, welche zu den vorzüglichsten und berühmtesten Kunstbauten unsers Jahrhunderts gerechnet wird, und bereits ihrer gänzlichen Vollendung nahe ist. Lecco liegt am Fuße eines steilen Felsberges St. Martino genannt, auf dessen schwindelnder Höhe sich eine einsame Kapelle und die Ruinen eines ehemahligen Nonnenklosters befinden, welches vom heil. Borromäus aufgehoben wurde. In der Nähe des genannten Berges erhebt sich der Montalbano, weiter südöstlich steigt der hohe Reffegone majestätisch empor, ein Berg, der fast aus allen Gegenden der Lombardie ichtbar ist, und sich durch seine sägeförmige Kuppe besonders bemerkbar macht; auf dem jenseitigen Ufer der Adda endlich steht 'er stolze Monte barro (Mombarro) der Schlüssel in das Hügelland Brianza, von dessen Gipfel aus man die herrlichsten Ansichten nach allen Weltgegenden genießt, und in der weitern Fortsetzung der Gebirgskette zeichnen sich die zackigen Corni di Canzo aus*). Das Gebieth von Lecco ist dermahlen viel kleiner als in früheren Zeiten, wo es die ausgedehnten Gründe von Mondello, Varena, Bellano, Dervio, Val-Sassina, Porlezza, Lapriasca ꝛc. besaß; heutigen Tages verdienen noch besondere Erwähnung die Comunen von Castello, Acquate, S. Giov. alla Castagna, Maggianico, und das im Angesicht Lecco's auf dem enseitigen Seeufer erbaute Malgrate.

Reichhaltig ist die Geschichte dieses Ortes, und des ganzen umliegenden Territoriums. Obwohl uns keine gewissen Aufschlüsse iber den eigentlichen Ursprung Lecco's erübrigen, ist es doch höchst wahrscheinlich, daß die Orobier, welche in den frühesten Zeiten den ganzen Landstrich bis Como und Bergamo bewohnten, die ersten Gründer desselben gewesen seyen. Einen gültigen Beweis für das Daseyn dieses Völkerstammes liefert auch die alte Inschrift, welche auf dem Monte barro gefunden wurde und Kunde gibt, daß auf einem Abhange dieses Berges eine Stadt rbaut war, die Bergamasken zu ihren ursprünglichen Bewoh-

---

*) Die hier nachfolgenden Angaben der Höhenbestimmungen einiger ausgezeichneten Berge, verdanke ich der gütigen Mittheilung des Ingenieurs Herrn v. Bovara zu Lecco:

Ressegonne . . . . 1892 mêtres nach Orriani
Montebarro . . . . 965 mêtres nach der neuesten Messung des Herrn v. Bovara.
Corni di Canzo . . 1385 mêtres nach Orriani.

nern hatte *). In Lecco befand sich in den ersten Zeiten ein prachtvoller Pallast der Erzbischöfe von Mailand, welche daselbst residirten, und das Recht der Oberherrschaft Lecco's seit dem Jahre 1310 behielten, wo die berühmte Convention zwischen dem Erzbischofe Casso und dem großen Matteus geschah. Nachdem die Visconti's den mailändischen Thron bestiegen, blieben den Erzbischöfen außer dem erwähnten Pallaste nur noch einige kleine Güter, deren sich, wie uns die Blätter der Geschichte überliefern, der Erzbischof Carlo von Forli noch einige Zeit bediente. Der Friede vom Jahre 1219 **), welcher allhier zwischen den Einwohnern von Lecco und dem mailändischen Adel geschlossen wurde, sicherte Ersteren sehr bedeutende Privilegien zu.

Das Gebieth von Lecco war seit dem grauen Alterthume bis in das siebzehnte Jahrhundert und noch später der Schauplatz blutiger Fehden, vorzüglich unter den Visconti's, Torriani's, Guelfen und Ghibellinen. — Eine fast gänzliche Zerstörung erlitt es unter Matteo Visconti im Jahre 1296. Damahls war es, wo auch die paradiesischen Gefilde der nahe gelegenen Martesana von des Herzogs blutdürstigen Heerscharen überschwemmt wurden, er immer weiter durch das Brianzer-Land bis Lecco vordrang, und endlich vor dessen Thoren den Machtspruch ergehen ließ: daß ihm der Ort 150 Geissel übergeben sollte, und die Ein-

---

*) In den Werken von P. Ferrari. 2. Band S. 314 ist diese Inschrift wie lautet angeführt:

Barra. Oppidum. Orobiorum
Unde. Bergomates. Presecti. Hic. Interiit
Nomen. Ne. Excideret. Memoria
Per. Aetates. Tradita. Posteritas. Tenuit.

**) Nach einigen Autoren geschah diese Übereinkunft im Jahre 1225, wo die Bewohner Lecco's und seiner Umgebung von den Mailändern zur gemeinschaftlichen Vertheidigung gegen Friedrich II. aufgefordert wurden.

vohner nach dem benachbarten Flecken Valmadrera auswandern müßten, gerade so wie es der furchtbare Barbarossa ein Jahrhundert früher den bedrängten Mailändern gethan, und dergestalt die blühende Stadt in einen traurigen Schutthaufen verwandelte. Auch Lecco traf dieß Schicksal; denn kaum waren die Bedingungen erfüllt, so flammte es von allen Seiten hoch auf, und in kurzem waren fast alle Häuser eingeäschert. Dazu kam noch das strengste Geboth, daß sich Niemand erkühnen möge, den Schutt von der Brandstätte zu räumen, oder einen neuen Bau zu beginnen. — Erst nach langer Zeit kehrten die Vertriebenen wieder in ihre Heimath zurück, und nun stieg ein neues schöneres Lecco über den Trümmern des alten empor, auch ließ später der Fürst Azzo Visconti (1335) die prächtige steinerne Brücke auf acht Bogen über die Adda erbauen nebst zwei Thürmen zu deren Vertheidigung, deren Überreste noch jetzt zu sehen sind. Im Kriege gegen den Herzog Philipp von Mailand wurde Lecco von den Venetianern belagert, bei welcher Gelegenheit der berühmte General Johann Jacob Medicis zum Grafen von Lecco ernannt wurde, woher sich auch die mit dessen Brustbilde und der Umschrift: „Jacobus Medici Comes Leuci" gezierten Münzen schreiben. — Im Jahre 1532 kam es unter die Herrschaft des Herzogs Franz Sforza II., und blieb bis zum Jahre 1647 unter der Bothmässigkeit der Mailänder Herzoge. Die Kriegsereignisse neuerer Zeit fanden auch in Lecco einen blutigen Schauplatz und noch lebt die Erinnerung an das Daseyn der Franzosen und Russen (1799) in der Brust der Bewohner. Später theilte es mit den übrigen Provinzen der Lombardie ein gleiches Schicksal.

Wer Lecco vor wenig Jahren gesehen hat und es mit dem heutigen vergleicht, der wird gewiß einen bedeutenden Unterschied zwischen der Vergangenheit und Gegenwart finden, und ein jeder aufmerksame Beobachter und Beurtheiler der Culturfortschritte wird die Behauptung nicht widerlegen, daß Lecco mit der Zeit zu einer der volkreichsten und vorzüglichsten Handelsstädte emporsteigen werde. In dem ganzen Orte, so wie in den umliegenden kleineren Ortschaften findet man die größte Lebhaftigkeit im Verkehr, und alle möglichen Arten von Handwerkern, Künstlern, Kaufleuten u. dgl.

Lecco scheint schon von der Natur zu einem überaus günstigen Handelsplatze bestimmt zu seyn, denn in alle umliegenden Thäler eröffnen sich für den gegenseitigen Verkehr die zweckmässigsten und bequemsten Verbindungslinien. Die vielen ausgezeichneten Familien, welche daselbst die schöne Jahrszeit zubringen, der stets lebhafte Wochenmarkt, die große Fiera im Oktober und November, so wie zu Ostern, die Hauptstraßen nach Mailand, Como, Bergamo und die stark besuchte Militärstraße in das Valtelin, erheben schon jetzt Lecco zu einer bedeutenden Nebenbuhlerinn Como's, wenn auch nach dem Ausspruche mehrerer gelehrter Naturforscher und Landwirthe die Bodencultur jener des Gebiethes von Bergamo und Como nachsteht. Unter den vielen Handels = und Waarenniederlagen aller Erzeugnisse ist besonders das Eisen der vorzüglichste Artikel, auf welchen die Bewohner von Lecco so wie der ganzen Umgebung ihre größte Sorgfalt verwenden. Nebst den vielen Eisenwaaren im Orte selbst befinden sich in den nahe gelegenen Ortschaften große Eisenwerke und Hämmer, in welchen das aus dem Val = Sassina kommende rohe Eisen und Erz zu den feinsten Kunstwerken verarbeitet wird. Sonst findet sich in Lecco wenig Merkwürdiges und verdient nur noch die große aus mehreren Stockwerken bestehende und durch künstlichen Mechanismus sich vorzüglich auszeich=

nde Seidenspinnfabrik des Herrn v. Bovara der Erwähnung. — unweit Lecco, oberhalb Castello, befindet sich die am Abhange eines Hügels erbaute Villa des Herrn von Campagnani, die sich durch die Art ihrer Anlage, durch einen geschmackvollen Ziergarten und durch prachtvolle Aussichten, welche man von da bis in das liebliche Hügelland Brianza hinüber genießt, bemerkbar macht.

Vom Comer-See, der hier den Nahmen Lago di Lecco erhält, ist im Grunde nur ein kleines Stück zu sehen, und überhaupt dieser ganze östliche Theil bei weitem nicht so reizend, als auf der Seite von Como, wo Landhaus an Landhaus gedrängt und die herrlichsten Naturparthien das Auge des Reisenden entzücken. Groteske, oftmahls schauerliche Felsberge erheben sich an beiden Ufern, wovon sich besonders das rechte (nach dem Laufe der Abda) durch die Anlage großer Kalkbrennereien auszeichnet, während sich auf dem linken die oben bemerkte neue Straße, an vielen Stellen mit unsäglicher Mühe in Felsen gesprengt, durch Gallerien von manchmahl 300 Fuß Länge hinzieht. Die größte Tiefe des Sees ist an einigen Stellen bei 600 par. Fuß. Diese kurze Abhandlung hat nichts anderes zum Zwecke, als einen flüchtigen historisch-statistischen Überblick von Lecco zu verschaffen, über welchen Ort trotz der vielen Bereisungen, deren sich die Lombardie erfreut, weder in den Werken des Auslandes, und was das Traurigste ist, selbst in jenen Italiens wenig ausführliche Daten bekannt gegeben sind *).

---

*) Zu bedauern ist, daß die periodische Ausgabe des vortrefflichen Werkes von Dr. Rebaelli. „Notizie istoriche della Brianza, del distretto di Lecco, della Valsassina e de'luoghi limitrofi" schon seit längerer Zeit unterbrochen ist. Die ersten Hefte beweisen, mit welcher Umsicht der bekannte Autor auch im kleinsten Detail die Merkwürdigkeiten dieses Landstriches in jeder Hinsicht zu beleuchten wußte. — —

II. Ueber die neue Militärstraße durch das Valtelin über das Stilfser-Joch nach Tirol.

Im Jahre 1818 geruhten Se. Majestät der verstorbene Kaiser Franz I. das Ihm unterlegte Projekt, zur Erbauung einer fahrbaren Straße durch das Valtelin und nach Tirol über das Stilfser Joch zu genehmigen, nachdem bisher nur ein äußerst beschwerlicher Fußsteig längs der einen Thallehne des Valsaffina die Verbindung auf eine kleine Strecke ausmachte. — Nach Erhalt dieser gnädigen Erlaubniß wurde alsogleich eine politisch-militärische Commission zusammengesetzt, welche das Mögliche einer Fahrbarkeit des für diese Straße bestimmten Terrains untersuchte, und die Richtungspunkte derselben allenthalben bestimmte. Schon im Monat Juni 1820 begann man die Arbeit und 1823 war fast der ganze Theil in der Lombardie vollendet; ein Umstand, der die größte Aufmerksamkeit und Bewunderung erregt, wenn man bedenkt, daß das Gebirgsklima in diesem nördlichen Theile, der große Schnee, der hier allenthalben fiel und mit größter Mühe weggeräumt werden mußte, nur ein Drittheil des Jahres die Arbeit zuließ, abgerechnet davon, wie viele bedeutende Hindernisse noch die Unebenheit des Terrains entgegensetzte.

Noch in demselben Jahre unternahm man den Bau im Gebiethe von Tirol, der im Jahre 1825 vollendet wurde.

Seither wurden die angedeuteten Arbeiten theils durchgehends ausgeführt, und theils an den Stellen, wo es nothwendig schien, schickliche Verbesserungen gemacht.

Die ganze Straße ist, und zwar dort, wo sie längs des

Alessandro Manzoni hat in seinem geistreichen Roman „i promessi sposi" auch treffliche Schilderungen von dem reizenden Gebiethe Lecco's gegeben.

Sees führt und es die Natur des Terrains erforderte, auf einem Fundamente von gemauerten Ziegel = und Backsteinen über Bogengewölbe geführt, mit Abzugsöffnungen und Streckenweise mit zierlichen Stiegen, welche zum See hinableiten, versehen.

Auch sind für den durstigen Wanderer zeitweise — Brünne in die Straßenwand gebaut worden, die ihr klares, gesundes Wasser von den nahe liegenden Bergen erhalten.

Nachdem die ausspringenden Winkel der Gebirgslehne an mehreren Punkten nicht abgetragen wurden, sondern die Straße daselbst durch in Felsen gesprengte Gallerien geführt ist, so gleicht sie dadurch einer stets fortlaufenden verschanzten Linie, welche wenigen an Kraft und Haltbarkeit nachstehen dürfte. Die Länge dieser Gallerien, die an verschiedenen Stellen auch von Holz errichtet sind, beträgt im Ganzen beiläufig 3600 mètres.

Zur Wegschaffung des Schnees und Eises, so wie zur Reinigung von Schutt und Steinen, die etwa von den Bergen auf die Straße herabrollen, sind eigene Leute beauftragt, deren Anzahl sich dermal auf 48 erstreckt. Diese Leute: rotteri oder rompitori (Brecher) genannt, befinden sich fast den ganzen Tag und selbst zur Nachtzeit auf der Straße, um ihrem Berufe treu nachzukommen, so daß höchst selten die Communication unterbrochen wird. Sie leben in eilf Häusern, die auch zur Aufnahme der Reisenden dienen, und haben ihre eigene Pfarre, nachdem von Bormio angefangen bis zum ersten Dorfe in Tirol sich nicht eine Ortschaft befand. Zwölf dieser Leute sind auch mit Pferden und Schlitten versehen.

Die größte Höhe der Straße auf dem Stilffer Joch über Bormio ist 1554 mètres, und über die Meeresfläche 2814 mètres.

Der Kostenaufwand für die ganze Straße beträgt *):

1. für den Theil von Lecco nach Colico 3,460000 Zwanziger.
2. „ „ „ „ Colico „ Riva 650000 „
3. das Straßenstück in der Lombardie bis zum Splügen . . . . . 1,260000 „
4. Jener Theil der neuen Straße, welcher durch Graubündten vom Stilfser-Joch bis zum Rhein führt und unmittelbar auf Kosten des Lomb. Guberniums erbaut wurde . . . . 273000 „
5. Der Theil von Bormio bis an die Etsch auf eine Länge von 48111 mêtres 3,060000 „

Im Ganzen 8,703000 Zwanziger
oder 2,901000 Gulden.

Eine ausführliche Beschreibung dieser Straße, so wie der Landstriche und bedeutenden Ortschaften, welche selbe durchzieht, würde einen Band füllen, und dem vorgesteckten Zwecke, nähmlich dem geneigten Leser bloß eine Idee von diesem unendlich großartigen Bauwerke zu geben, nicht entsprechen. Obgleich Einige auftreten, welche der Straße lange Dauer absprechen, zu welchem Urtheile zwar die an manchen Stellen nach meiner Ansicht zu schwache Grundlage Ursache geben mag, so dürfte wohl seit Jahrhunderten keine so herrliche und zugleich bequeme Straße,

---

*) Diese Angaben entlehnte ich theils ämtlichen Quellen, die mir darüber zur Einsicht kamen, theils verdanke ich sie der freundlichen Mittheilung des Herrn v. Donegani, Ingenieur in Capo zu Sondrio, welchem die Leitung der Straßenbaugeschäfte übertragen ist, und der die Ehre genoß, Sr. Majestät den verstorbenen Kaiser Franz im Jahre 1832 auf dem Splügen zu begleiten.

Nur einige Gemeinden des Valtelins steuerten etwas zu den Kosten bei, der größte Theil ging auf Conto des Ärario.

deren Herstellung mit so vielen Schwierigkeiten zu kämpfen hatte, erbaut worden seyn.

Mächtig wird der Reisende, den auf seiner Fahrt neben den Werken der Kunst noch die reitzenden Gefilde der ihn umgebenden Natur entzücken, an jenes Zeitalter erinnert, an die Tage, wo die Lombardei auch von jenem kunstsinnigen Volke, den gepriesenen Römern, mit den prachtvollsten Straßen durchzogen wurde. — Wer die Vergangenheit und Gegenwart vergleicht, muß erkennen, daß sich dieses neueste Werk den stolzen Riesenbauten der Vorfahren ehrenvoll anschließt*).

---

*) Ich kann nicht unterlassen, meine Leser auf das werthvolle Werk: Voyage pittoresque sur la nouvelle route depuis Glurns en Tirol par le col de Stilfs (passo di Stelvio) par la Valtelline, le long du lac de Come, jusqu'a Milan. — 36 vues en 6 livraisons, dessinées d'après nature et publiées par I. I. Meyer. — Zurch 1831, aufmerksam zu machen; es enthält die gelungensten und zugleich die richtigsten bildlichen Darstellungen der Hauptansichten dieser Straße.

Bilder
aus dem Hügellande Brianza.

I.

Die Natur ist das einzige Buch, welches auf allen Blättern großen Gehalt biethet.
Göthe.

Im nördlichen Theile der Lombardei und zwar schon außerhalb Monza beginnend, breitet sich südwestlich des Berges Monte Barro (Mombarro) längs des Thales Greghentina, welches im Norden durch den Berg S. Genese, im Süden durch jenen von Montaveggia geschlossen wird, — im Allgemeinen zwischen dem Thal Assina und der Campagna von Monza, ein liebliches Ländchen aus, welches von der Natur mit einer Hügelkette umgeben, in seinem Innern einen unendlichen Reichthum von Naturansichten und Schönheiten birgt, auch daselbst größtentheils bergig ist; und eben wegen dieser mannigfaltigen pitoresken Berg-, Fels- und Thalparthien das Hügelland Brianza genannt wird. Der Nahme Brianza schreibt sich von einer auf dem höchsten Theil gelegenen Landschaft Brigantia oder Briantia her, wo in der Vorzeit die gleichnahmige Stadt gelegen, und Theodolinda, Königinn der Longobarden, einen Pallast zu ihrer Residenz hatte. Von dieser Königsstadt sind nunmehr nichts, als die trauernden Überreste eines Thurmes zu sehen, in dessen oberstem Gewölbe eine alte Glocke hängt, eine jener Heerglocken, welche die Bewohner der umliegenden Landschaften zu ihren Versammlungen rief, da sie noch eine kleine Republik bildeten. Späterhin wurde diese Republik, weil sie dem Kaiser Friedrich Barbarossa huldigte, von den Mailändern aufgehoben.

In einem großen Theile dieses Landstriches bewegte sich, oder vielmehr cantonnirte vor wenigen Monden eine Abtheilung unserer mobilen Armee; und so war es denn auch mir gegönnt, die einzelnen Theile desselben und seine Naturwunder näher zu betrachten, und ein Land kennen zu lernen, welches so manche gefeierte Schriftsteller aller Nationen zum Schauplatze ihrer Romane und Poesien wählten, und das mit Recht das Vaterland der erhabensten Gefühle genannt wird. — Gerne griff ich in den Zeiten meiner Muße, und wenn das Geräusch der Waffen schwieg, nach dem Wanderstabe und durchstrich die blumigen Fluren und Triften, wandelte in der Morgen- oder Abendkühle in den schattigen Wäldern und Hainen, welche in verschiedenen Parthien die Gegend schmücken; erklimmte oft manchen von Weinreben umkränzten und mit saftigem Laub oder dunklen Tannenbäumen gekrönten Hügel, und genoß von seinem Scheitel herab die herrlichste Aussicht über ein blühendes Panorama, gefüllt mit allen Reizen der hehren Schöpfung. Fast jeder Schritt wurde mir durch eine neue Entdeckung oder neuen Genuß merkwürdig und wie sich die Bilder in dem Wunderprisma bei der kleinsten Bewegung in den sonderbarsten und zusammengesetztesten Gestalten zeigen, both sich auch meinen Blicken bei der geringsten Veränderung des Standpunktes eine neue Ansicht im reichhaltigsten Schmucke und in frischester Blüthe dar. —

Was mich dann besonders ansprach, war das liebevolle, biedere Benehmen der Landleute. Wohl Wenige gingen vorüber, ohne freundlichen Morgen- oder Abendgruß zu biethen; bereitwillig leitete mich Ein oder der Andere den gesuchten oft auch sehr gefahrvollen Pfad hinan; kletterte mir Gesellschaft leistend die größten Felsenstücke empor, und erheiterte mich durch Mittheilungen von Sagen und Mährchen aus der Vorzeit, von welcher die Brianzer überhaupt viel zu erzählen wissen.

Die Brianza ist ein Land, worin der Naturforscher und überhaupt jeder Künstler und Gelehrte*) die höchste Ausbeute für seinen Geist finden kann, und es ist zu verwundern, daß wir gerade über diesen reizenden Theil Italiens so wenige Schriften besitzen **). Ein Dichter könnte hierüber ganze Bände mit Sonetten und Liedern anfüllen, auch thut die Sprache der Dichtung dem Herzen wohl, eben weil sie dessen feinste und heiligste Saiten berührt; dagegen liebt die ernste Wissenschaft mehr Kürze und nackte Wahrheit, und meidet Blumenschmuck und Zierde. Wenn daher der Leser das Nachfolgende vielleicht in einer dem Gegenstande zu kalten Sprache geschrieben glaubt, so möge den Autor desselben der einzige Grund entschuldigen, daß er diesen Landesstrich, von dessen vorzüglichstem Theile hier ein kurzes Gemählde gegeben wird, mehr geographisch und zugleich geognostisch behandelte.

II. Inverigo, Cagnola's Rotunde, Erba.

Von dem kleinen Dorfe Canugo, gleichsam dem Schlüssel in die wahre Brianza, kommt man über Arosio auf einer sehr guten Straße nach Inverigo, merkwürdig wegen der Rotunde des berühmten Architekten Cagnola. Während sich zur Linken der

---

*) Man erzählt, daß der heilige Augustin sich in diese Gefilde zurückzog, um in ihrer Einsamkeit die Wahrheiten der Religion zu erforschen.

**) Maltebrun erwähnt nicht einmahl den Nahmen Brianza in seinem dizionario geografico portatile. Venezia 1827.

Die italiänische Literatur zählt über die Brianza nur Ein ausgezeichnetes Werk: Notizie istoriche della Brianza, del distretto di Lecco, della Vallsassina, e de' luoghi limitrofi. — dal Dr. Redaelli. — Einige Hefte sind davon bereits erschienen.

erst erwähnten Straße eine hüglichte Brughiera (Haide) ausbreitet, eröffnet sich zur Rechten eine unbegränzte herrliche Aussicht in ein weites mit Tausenden von Landhäusern besäetes Thal, welches gegen Norden hin durch die Berge von Lecco und Erba (Corni di Canzo) beschränkt wird. Inverigo ist ein gut gelegenes Dorf, dem gegenüber sich auf einer bedeutenden Anhöhe die gedachte Rotonda, ein Meisterstück in Vitruv'scher Kunst und im modernsten Geschmacke erhebt. Bis zu diesem Tempel führt den Hügel hinan ein sich sanft erhebender Weg, von Cypressen beschattet und von Ziergärten umgeben. Das Gebäude selbst steht gleichsam auf einem Piedestal, die Kuppel wird von vielen Säulen theils corinthischer, theils jonischer Ordnung getragen, und ist oben mit einer kühnen Gallerie versehen. Schon die an und für sich gewählte Lage dieses Landhauses; der geschmack- und kunstvolle, von den hohen Cypressen noch romantischer gemachte Aufgang; die tiefe Stille, welche den Wanderer in diesem dunklen Alleengange umgibt; das zeitweilige Hervorblicken der von dunkeln, goldgesäumten Wolken umhüllten Abendsonne, stimmen die Seele des Wanderers zu hoher Erwartung, die endlich durch den großartigen Anblick und durch den unendlichen Gesichtskreis, welchen man von der Höhe aus über das ganze Land genießt, noch übertroffen wird. Dieß Gebäude ist wahrlich eines der seltensten Kunstwerke und jeder Kenner wird mit Selbstüberzeugung in die Worte Bossi's einstimmen: „C'est le plus beau monument, qu'il pouvait élever à sa gloire." — Das Innere entsprach jedoch nicht im Geringsten meinen Erwartungen; es ist noch ganz unvollendet, Zimmer und Säle im schlechtesten Zustande, und die untersten Stockwerke mit Schutt angefüllt. Diese Unvollendung ist aber eine bloße Folge des Todes Cagnola's, eines Mannes, der zu früh der Kunst erblich, beweint und betrauert von seinen Mitbürgern und Allen die ihn näher kannten. Aber so wie sich jedes Genie ein eigenes unvergängliches Denkmahl in seinen Werken und Leistungen errichtet, wird auch Cagnola's Nahme, von seiner Nation und der Kunstwelt geehrt und gepriesen, in den Gebilden seines großen Geistes fortleben.

Von Inverigo aus gehört zu den schönsten Spatziergängen die Wanderung über Anzano und Alserio nach Erba. Diese drei Ortschaften umfassen die prachtvollsten Naturbilder des Hügellandes. In Anzano befindet sich ein großartig gebautes Schloß des Grafen Carcano, und nahe daran ein ausgedehnter im neuesten Geschmacke angelegter Park mit einem Thiergarten. Steigt man von den Höhen Anzano's in das Thal hinab, so gelangt man zu dem kleinen See Alserio von einer halben Miglie Länge, und einer Viertel Miglie Breite. Auch in Alserio befindet sich eine ausgezeichnete Villa, Castell Tasera genannt. Die daneben liegenden Seen von Pusiano (cupilis) und Annone sind berühmt wegen ihrer reitzenden Umgebung und ergiebigen Fischereien.

Erba gewährt einen imposanten Eindruck, es liegt sehr hoch gleich einer Ritterburg, und zugleich am Abhange eines sich steil erhebenden Kalkfelsens. Man vermuthet, daß hier das alte Licinoforus gestanden sey, eine von den drei Hauptstädten der Orobier [*]. Die Umgebungen von Erba (piano d'Erba) gehören zu den gepriesensten der Brianza und haben in Carlo Annoni einen aufmerksamen und geistreichen Beurtheiler gefunden [**]. Der Ort ist sehr lebhaft, da er dicht an der Hauptstraße von

---

[*] Die beiden andern Städte waren Como und Bergamo.

[**] Memoria storica-archeologica intorno al piano d'Erba nella provinzia di Como. Di Carlo Annoni, — prevosto di Cantù.

Lecco nach Como liegt. Oberhalb desselben befindet sich eine Felsenhöhle, von den Einwohnern Bleihöhle (cava di piombo) genannt. Die größtentheils zerfallenen Pfeiler und Bogen des bemerkenswerthen Einganges zeigen, daß schon vor alten Zeiten die Kunst daran arbeitete. Auf der einen Seite ergießt sich ein Gebirgswässerchen von der steilen Höhe, schäumend in einen Felsenkessel am Fuße und erquickt den ermüdeten Wanderer mit frischem Labetrunke. In dieses Becken mündet sich auch ein auf der Sohle der Höhle fließender Bergbach. Die Höhle selbst ist sehr geräumig und an wenigen Stellen finden sich Arten von Tropfsteingebilde.

III. Einiges über den Boden.

Der Boden der Provinz Como und des Hügellandes der Brianza gehört zu den fruchtbarsten und ergiebigsten, was sich jedoch mehr auf Baum= als auf niedere Pflanzengewächse und Futtergräser bezieht. Wein ist im Ganzen wenig angebaut, auch die Cultur des Getreides eher vernachläßigt als befördert. Dr. Burger schreibt diese Erscheinung nicht dem in Vergleich kälteren Clima, sondern dem verspäteten Säen zu. — Indeß üppig bleibt die Vegetation im höchsten Grade zu nennen; allenthalben erhebt sich die buschige Krone des Kastanienbaumes, der entweder in stattlichen Alleen oder in dunklen Gruppen gepflanzt ist, nicht minder wie der Feigenbaum, der Maulbeer= und Ohlbaum. Besonders in den Niederungen breiten sich in zierlichen Reihen wohlbestellte, grüne Ackerfelder und Triften aus, auf welch' letzteren fette Herden grasen. Mahlerische Scenen biethen sich dem Landschaftsmahler überall dar. Man gelangt auf Punkte, wo man so Alles, was das Herz sich in solchen Au=

genblicken wünschen kann, in der Nähe vor seinen Blicken hat, ganz wie es Ariost mit den wenigen Versen bezeichnet:

> A veder pien di tante ville i colli
> Par che il terren ve le germogli, come
> Vermene germogliar suole e rampolli.

Wie oft weilte ich bei dem Anblicke, den ich von Villa Appiani oder dem Schlosse Carcano in Anzano aus genoß. Da erhoben sich in weiter Ferne, und doch dem getäuschten Auge so nahe die hohen Felsberge von Lecco, die zackigen Hörner von Canzo, während dicht zu den Füssen der Spiegel des Sees Alserio entgegenstrahlte, zur Rechten sich das ehrwürdige schon von Johann Medicis befestigte Schloß Mongazzo emporhob, tief unten im Thale zwischen Auen und Baumgruppen die weißen Häuser von Alserio, Carcano und Erba hervorblickten, und in der üppigen Grüne der Seeufer Hirsche und Rehe spielten. Der Boden dieses ganzen Terrainabschnittes ist durchaus fruchtbare Gartenerde durch Strecken von Lehm und Kalkboden unterbrochen. Die Hügel bestehen aus weicher Kalkbreccia und bei Erba herum, vorzüglich auf jener Anhöhe, welche zur früher erwähnten Bleihöhle führt, aus Thonschiefer mit Kalkstein vermischt. In der Nähe von Anzano und Alzate so wie auch im Thale von Alserio und in der Umgebung der beiden anderen Seen findet sich mehr Kieselboden. Weiter gegen Como hin, besonders gleich hinter Montorfano (mons orphanus) ein am See gleiches Nahmens gelegenes Dorf, trifft man mehrere gepflasterte Landwege; die Straßen von Lecco über Erba nach Como, so wie jene über Anzano und von Cantù nach Como sind in dem besten Zustande.

Dieß Wenige genüge für einen allgemeinen Überblick der Brianza. — Aber auch in historischer Hinsicht verdient sie die größte Aufmerksamkeit. Sie ist so wie für den Dichter ein ausgedehntes Feld der blühendsten Romantik, so auch für den Geschichtsforscher ein ungemein reicher Schauplatz welthistorischer Thatsachen, deren Interesse noch mehr gesteigert wird, weil gerade sie einer der Centralpunkte jener aufrichtigen heiteren Gesinnung ist und war, welche sich gewöhnlich in so harmonischem Einklange bei den Bergbewohnern findet. — Mit innigem Wohlgefühle hört oder liest der Freund der Geschichte und Dichtung die Sagen und Mährchen aus dem Morgenlande, eben weil sie uns gleichsam in ein freilich mehr im Gebiethe unserer Phantasie erschaffenes, goldenes Zeitalter einführen, wo noch ungeheuchelte Wahrheit und zarte Einfalt sprach, sey es nun, daß aus jenen Bildern Cultur und Kunst oder Thatkraft damahliger Heroen hervorleuchtet; aber auch das Abendland biethet in dieser Beziehung einen reichen Schatz lehrreicher romantischer Erzählungen und die Brianza ist voll solcher Überlieferungen aus der Sagenwelt. Von Mund zu Mund tönen die Lieder alter Barden, die gerne in diesen anmuthigen Gefilden weilten, und noch heutigen Tages wird ein Kenner menschlicher Charaktere finden, daß sich mitten unter dem vielleicht roh und ungebildet scheinenden Landvolke die seltensten und großartigsten Talente vorfinden.

Fahrten auf dem Comersee.
(In den Jahren 1834 und 1835).

I. Von Como nach Tramezzo.
(Im September 1834).

Wiegend gleitet der Kahn über der leisen Fluth
Sanft erröthendes Blau, schwebt im Najadentanz
Winzerhütten vorüber,
Und vergoldeten Erlenreihen!

Matthisson.

Golden war die Sonne über Hesperiens Gefilden emporgestiegen, und spiegelte sich in den blauen Fluthen des Lago di Como, von dessen Küste aus ich die wunderschöne, mit den Reitzen des Morgens geschmückte Landschaft überblickte. Es war ein Feiertag. — Vom jenseitigen Ufer klangen die Morgenglocken zu mir herüber, und darein der andachtsvolle Gesang der Landleute, und der Schallmeiruf von den angrenzenden Bergen und Triften; zu meinen Füssen plätscherte die Fluth, und vom Stadtthurme tönte in abgemessenen Schlägen der Morgenchoral. Da bist du nun, rief ich in meinem Innern, am Ziele deiner ersten und schönsten Jugendträume, an den Ufern des weltgepriesenen Comersees, der gleich berühmt durch seine historischen Thaten, wie als Naturwunder, von jeher ein Gegenstand der Bewunderung und des Entzückens für Einheimische und Fremde gewesen! — Und als ich einen Blick auf die noch schlummernde Stadt zurückwarf: da trug mich meine Phantasie in den Schooß jener Zeiten, wo noch Römer hier hausten, wo in den Tagen des finsteren Partheihasses Guelfen und Ghibellinen wüthend gegen einander rangen, und endlich der mailändische Erzbischof Otto Visconti die Stadt zu Ende des breizehnten Jahrhunderts (1271) eroberte. Mit schmerzlichem Gefühle blickte ich nach dem Schlosse Varadello hin, von welchem eine schauderhafte Sage erzählt, daß Napoleon della Torre darin geschmachtet, und den schmählichen Hungertod erlitten habe. — Ungleich wohler wurde mir, als ich den netten freundlichen Hafen, die zierlich geschmückten Barken, den majestätischen Vapore mit prüfenden Blicken musterte und endlich selbst in einer dieser Barken mitten auf dem Wellenspiegel des Sees hinschwamm. O wie war mir da zu Muthe, als ich zwischen den prachtvollen, grünen Ufern durchstrich, Landschaft an Landschaft, blühende Wiesen auf denen Kühe und Lämmer grasten, schneeweiße Landhäuser von schattigen Baumgruppen umgeben, waldige Hügel an mir vorüberzogen und im Hintergrunde Felsberge drohend aufstanden, um das romantisch Schöne und Wilde in harmonischen Einklang zu stellen. Bei der Villa d'Este landete ich einen Augenblick und fand einen der schönsten und reichhaltigsten Ziergärten, auch im Innern eine ansehnliche Gemählbesammlung. Von dort fuhr ich nach der Pliniana, um von der schon von Plinius beschriebenen, periodischen und stets eiskalten Quelle zu kosten*), und eilte dann ohne Aufenthalt nach Trammezzo, der lieblichsten Landschaft des ganzen Comersees. Hier könnte man wahrhaftig behaupten, daß Kunst und Natur den Gipfel ihrer Vollkommenheit erreicht haben; denn Alles was des Menschen Geist sich nur Schönes träumen kann, findet er da in der zierlichsten Mannigfaltigkeit. Die Villa Sommariva ist wohl die vorzüglichste unter allen Landhäu-

---

*) Falsch ist es, daß dieß Plinius Aufenthaltsort gewesen. Nur jenes Naturwunder wählte er einige Zeit zum Gegenstande seiner Beobachtungen. Dermahlen ist die Pliniana von einer russischen Fürstinn bewohnt.

fern des Comersees, und zeichnet sich theils durch Größe und Schicklichkeit der Bauart, theils durch ihren innern Reichthum vor allen übrigen bedeutend aus. Schon der Eingang erquickt die Seele, und ein unnennbares Gefühl ergreift den Wanderer, wenn er durch die Laubengänge von Orangen und Citronen sich jenem Tempel der Kunst nähert; wahrhaftig ein Tempel der Kunst, in welchem Canova, Acquisti, Thorwaldson, Meynier u. a. m. die Siegestrophäen ihres Genies zur ewigen Bewunderung aufgestellt haben. Ich würde mich länger bei der Beschreibung und Aufzählung der vielen Kunstschätze, der Statuen, Basreliefs, Gemählde und Alterthümer dieses Feenschlosses aufhalten; — allein ich behalte mir dieß bei der Beschreibung meiner zweiten Fahrt vor, die ich in entgegengesetzter Richtung, nähmlich von Lecco nach Trammezzo unternahm; daher übergehe ich ein näheres Detail, und ersteige mit meinem Leser einen nahe gelegenen von Weinreben umschlungenen Hügel, von welchem aus sich dem Auge ein entzückendes Panorama eröffnet. Hier sah ich bis nach Bellaggio hinüber, und entdeckte in der blauen Ferne den Silberstreif des daselbst von schauerlichen Felsen eingeschlossenen Lago di Lecco, hier überblickte ich die ruhige, stille Fluth, in welcher sich der Abendhimmel abspiegelte, und die Menge von Landhäusern, womit beide Ufer besäet sind.

Mittlerweile war es spät geworden, und das ganze blühende Altarblatt der Natur von der feierlichen Stille des Abends übergossen. — Ja, der große und doch so oft und niedrig gekränkte Zimmermann hat Recht, wenn er sagt: „die Natur und ein ruhiges Herz sind ein schönerer und weit mehr erhabener Tempel Gottes, als die Peterskirche in Rom, oder die Paulskirche in London." — Abgeschieden vom Lärmgewühle der Welt, in der Stille ländlicher Einsamkeit stand ich oben auf dem Hügel, und fühlte den bedeutungsvollen Sinn der Worte des ehrwürdigen Mannes im ganzen Umfange; auch mir war nun einer jener seligen Augenblicke im Leben gekommen, wo die Seele ganz aus ihrer kalten irdischen Hülle in die warme Geisterwelt hinaustritt: ein Augenblick — heiliger Andacht. Und da nahm ich denn meinen lieben, unsterblichen Jean Paul zur Hand, schlug eine Seite auf, und las die Worte: „Als er kniete, war alles so erhaben und so mild — Welten und Sonnen zogen von Morgen herauf, und das schillernde Würmchen drängte sich in seinen staubigen Blumenkelch hinab, — der Abendwind schlug seinen unermeßlichen Flügel und die kleine nackte Lerche ruhte warm, unter der federweichen Brust der Mutter, — ein Mensch stand auf dem Gebirge und ein Goldkäferchen auf dem Staubfaden... und der Ewige liebte seine ganze Welt."

Die Sonne war bereits rothglühend untergegangen und kühle Abendluft wehte über die Fluthen, als ich wieder in die Barke stieg und meine Rückfahrt antrat. Je mehr ich mich der Stadt näherte, desto lebendiger und lustiger wurde der See. Truppen von Barken flogen bei mir unter Sang und Klang vorüber, Tausende von Lichterchen schwärmten im bunten Gewirre über den Wellen, Raketen stiegen prasselnd in die Höhe und erleuchteten mit ihrem Zersplittern dieß nächtliche Landschaftsgemählde, Böller donnerten vom hundertfältigen Widerhalle der Gebirge begleitet durch die Lüfte, und von allen Seiten tönten Musik- und Liederbanden dazwischen. Die Gegenwart Sr. Excellenz des geliebten Landesgouverneurs Grafen von Hartig, verherrlichte das Fest.

II. Von Lecco nach Tramezzo.
(Im Mai 1835).

„Braucht, was die Kunst erfand und die Natur euch gab!"
Albrecht v. Haller.

1.

Ein warmer Morgenwind schwellte die Segel unserer Barke, und pfeilschnell flog sie auf den rauschenden Fluthen dahin. Die nahen Ufer prangten in der ersten Blüthe des Maimonds, und unsere Blicke weideten sich bald an den himmelhohen Felsen, die sich majestätisch zur Linken erhoben, bald an den anmuthigen Landschaften Abadia, Mandello, Maggianico und Varena, die zur Rechten an uns vorüberzogen und von Bergen, Gärten und dunklen Baumgruppen umgeben den entzückendsten Anblick gewährten. Unser Zielpunkt war Tramezzo, um daselbst die prächtige Villa Sommariva zu besichtigen, die seit einer langen Reihe von Jahren ein Gegenstand der Bewunderung aller Reisenden ist. Kaum angelangt und in Cadenabbia durch ein gutes Frühstück gestärkt, ließen wir uns bei dem Eigenthümer melden und wurden sogleich in das Schloß geführt. — Freund, wie oft mahlte ich mir in meiner Einbildungskraft ein stilles Plätzchen, wo ich den Herbst oder Winter meines Lebens ruhig zubringen könnte, wo ich mich so ganz abgeschieden von dem lärmenden Weltgewühle der heiligen Natur und der Muse weihen dürfte. Hier sprach Natur und Kunst zu meinem Herzen, hier fand ich Alles, was ich mir seit meiner frühesten Jugend Schönes träumte in einem harmonischen, ungemein lieblichen und frischen Farbengemälde vor meinen Blicken vereinigt.

2.

Ich stand auf der äußersten Stufe der Terasse, welche vom See aus in den Garten der Villa führt. Ein unendlich bilder=

reiches, großes Amphitheater both sich meinem trunkenen Auge dar. Vor mir lag weit über den blauen See hin, von der Morgensonne vergoldet, das freundliche Bellagio auf einer hüglichten Landspitze hingebaut, weiter rechts die Villen Melzi, Trotti, Ciceri und eine Kette lieblicher Ortschaften, die sich bis in die weite dunkelgraue Ferne ausdehnte. Hinter den Landhäusern erhoben sich grüne niedere Hügel, die allmählig zu hohen Bergen emporstiegen, deren Häupter von dunklen Tannen und Fichten oder von Alpenhütten gekrönt waren, und diese, in wunderbaren Formen sich windende überaus fruchtbare cultivirte Alpenkette lief bis Como hin. — Zur Linken öffnet sich das großartige Panorama: Varena und Bellano diesseits, im dunklen Hintergrunde Tomaso und die Eisberge des Valtelins in majestätischer Ruhe, und die glänzende Spiegelfläche des sich hier in drei Arme theilenden Sees bilden die Lichtpunkte des Gemäldes. Ewig neu und ewig schön sind die sich darbiethenden Bilder, nirgends Einförmigkeit oder Leere — überall hat die Natur und Kunst ihre Reize hingezaubert.

3.

Wir traten über die Terrassenstufen in den Garten der Villa und gelangten auf einer Doppelstiege, deren Geländer von Rosengürlanden durchflochten waren, in den unteren Hauptsaal des Schloßes. Hier ist das erste Meisterwerk der Bildhauerkunst, welches dem Fremden ein freundliches Willkommen zuwinkt: ein Mars und eine Venus, letztere den Kriegesgott mit allen Reizen der Liebe umschlingend. Das Ganze ist von weißgrünem Marmor aus Varena, erhebt sich auf einem Würfel von Granit, und hat den berühmten Acquisti zum Schöpfer (1805). An den Wänden dieses Saales befinden sich meisterhafte Basreliefs, Alexanders Triumphzug vorstellend, von Thorwaldson. Um nicht weit=

läufig zu werden, bemerke ich hier nur im Kurzen die vorzüglich=
sten Meisterwerke an Gemälden oder Statuen, nähmlich: Eine
Psyche von dem unsterblichen Canova und eine Sammlung von
Gypsmodellen, welche größtentheils bei der Erbauung des Frie=
densbogens in Mailand benützt wurden; mehrere ausgezeichnete
Büsten von Thorwaldson; eine Andromeda, griechische Sculp=
tur; — schöne Frescogemälde von Bernardino Luini; mehrere
prächtige Mahlereien von Serangelli; eine Laura von Agricola
(1820); eine Darstellung des innern Hospitals der Benefratelli
zu Mailand von Migliara (1814); Virgil von dem Pariser
Vicar dargestellt, wie er am Hofe Augustus seine Verse vorliest
und durch sie die Mutter des Marcellus zu Thränen bewegt, ein
unendlich ausdrucksvolles Gemälde; — mehrere anziehende Bil=
der von Bossi; Romeo und Julie von Hayez, Mailand (1824);
Telemach und Calypso von Meynier, Paris (1810); — das
Portrait des jetzigen Eigenthümers Sommariva in französischer
Uniform in Lebensgröße, von Robert Lefebre, Paris (1818).
Die sterbende Attala, ein ergreifendes Nachtstück nach einer be=
kannten Romanze von Chateaubriand, gemahlt von Mr. Lordon,
Paris (1810); eine Andromeda von Perseus befreit, Gemälde
von Madame Mongez (1812) welches sich durch Fülle und Kraft
der Farben besonders bemerkbar macht; die Statue des Palame=
des aus carrarischem Marmor, Werk des berühmten Canova. —
Ein paar Gemälde von Andreas Appiani dem Mahler der Gra=
zien, Mailand (1803); in einem Nebenzimmer, worin sich eine
artige Handbibliothek auserlesener Werke befindet, bewundert
man zugleich mehrere herrliche Mahlereien niederländischer
Schule von den Meistern Hoct, Van Dyk (1629), Rubens
(1630) Denis, Booco, Teniers, Vanderburg, Wertangen u. dgl. m.
Der Plafond dieses Saales ist von Lavallée, ehmaligem Direk=

tor des Museums zu Paris gemahlt. — Noch muß ich einer herrlichen und zugleich ungemein geistreichen Bildhauerarbeit erwähnen, deren Schöpfer der bekannte Marchesi ist. Sie stellt nähmlich den verstorbenen Grafen Sommariva vor, wie er an der Hand des Schlafes ins Reich der Seligen übertritt, und sich noch einmahl gegen seinen Sohn Ludwig kehrend, ihm aufträgt, fortwährend den schönen Künsten zu huldigen. Seinen Worten zu Folge hält die fliehende Bildhauerkunst inne, und ergreift, wieder den Hammer und Meißel zu neuen Arbeiten. Am Fuße des Sockels steht der Genius des Todes mit einer Hand auf jene Urne gestützt, aus welcher er den Nahmen des Grafen gezogen. Wie viel Erhabenheit, Reichthum und Erfindungsgeist liegt in dieser schönen Composition!

4.

Tief unten in der Bucht harrte unsere Barke, die uns im Kurzen nach dem zweiten Feenschloße dieser Gegend, nach der Villa Melzi hinübertrug. Obgleich sich dieselbe durch Schönheit ihrer Lage und Bauart vor den übrigen besonders auszeichnet, enthält sie nicht die Hälfte jenes Reichthums an Gemälden und Sculpturwerken, welche die frühere zieren, desto kostbarer und reichhaltiger aber ist die hier befindliche Kupferstichsammlung, worunter ich besonders die Schöpfungen des berühmten Longhi hervorhebe. In einem der Säle befindet sich noch ein sehr ansprechendes Bild in Aquatinta-Manier: den Tod Napoleons vorstellend, (von Steuben). Einige Statuen und Büsten schmücken den großen Eintrittssaal. Ein heiliger Schauer der Andacht ergriff uns, als wir in die dunkle rechts von der Villa gelegene Kapelle traten, welche die Gebeine des Erbauers Francesco Melzi und der übrigen Hingeschiedenen dieser Familie einschließt. Ein einfacher Altar, über welchem der göttliche Erlöser in heiliger

Glorie strahlt, bildet den Haupttheil, zur Rechten und Linken befinden sich allegorische Statuen, Treue und Liebe, den Tod beweinend; Alles ein Meisterwerk des Professors Comolli, nach des Architekten Albertolli's Plan. Innig gerührt verließen wir diesen der Andacht und Erinnerung geweihten Tempel, und eilten wieder in die frohe hehre Natur hinaus, die uns mit allen Reizen anlächelte. Die Tropfen eines warmen Frühlingsregens schimmerten an Blatt und Blüthe, aromathischer Duft von Rosen und Nelken hauchte uns entgegen, und in den Blüthenzweigen ertönte bald wehmüthig, bald mit freudigem vollen Geschmetter das liebliche Lied der Nachtigallen. Unter dem Schatten blühender Kastanien und Citronenbäume wandelten wir nach dem Denkmahle des unsterblichen Dante, das in einem der schönsten Theile des Gartens auf einem kleinen Hügel und im Dunkel von Öhlbäumen und Platanen errichtet ist. Lange verweilten wir vor diesen sprechenden Gestalten, bis uns das Sinken des Tages an unser Scheiden mahnte.

Als wir auf unserer Rückfahrt bei der Landspitze von Bellaggio vorüber steuerten, konnte ich mich nicht enthalten, nochmahls einen Blick auf diese lachenden Frühlingsgefilde zurückzusenden. Es war bereits Abend, und eine laue Luft wehte über die plätschernden Wellen. Hoch oben auf einem, von dunklem Laub gekrönten Hügel der Tramezzina stand ein einfaches Lusthäuschen mit vergoldeten Zinnen, und tiefer unten wurde es immer dunkler und dunkler. An den Fenstern der Villa Sommariva flammte mit rothem Wiederschein die in Westen untertauchende Himmelsköniginn, über deren Sterbestätte sich ein wolkiges Denkmahl in Purpur gehüllt erhob, während die letzten Strahlen sich über den ganzen See verbreiteten, und längs den finstern Bergen des fernen Valtelins hinglitten. — Wäre ich

Mahler! rief ich von seligem Entzücken trunken, und meine Seele löste sich in ein unendliches Gefühl von Wonne und Wehmuth auf. Es war mein Abschiedsgruß — mein letzter Scheideblick; — die Sonne war untergegangen, und auf fernem Hintergrunde winkten mir die Thürme von Lecco freundlich entgegen.

Ein Wort

über Musik und Gesang in Italien.

> Wo alle Reize sich und alle Wonnen
> In wollustvollem Übermuthe sonnen,
> Die Sprache üppig wie Gesänge fließet!
> Dieß Land durchzogen wir, dem keines gleicht.
>
> Chr. Bar. v. Zedlitz.

Wenn der Reisende aus dem stillen ernsten Österreich in des Abendlandes lachende Fluren übertritt, wandelt ihn ein ganz neues Leben an. Ein unendliches Gefühl durchweht seine Brust, und Sprache und Kunst sind gegen dasselbe nur der Nachhall sterbender Echotöne. Das Land mit seinen Schönheiten, der sonderbare so vielfältige Charakter der Einwohner, die Art des italiänischen Lebens: alles dieses, der Reiz der Neuheit ist es, welcher in der Brust des Fremdlings, und besonders des Bewohners nördlicher Striche, diese eigene unbeschreibliche Empfindung erweckt; — mit einem Worte, ihn befremdet der Contrast, welchen die beseligende Schönheit mit der grausen Wildheit bildet, ohne doch im Ganzen eine unbegreifliche Harmonie zu stören, welche Natur und Menschen mit zaubervollen Banden vereiniget. Betrachten wir einmahl die Natur dieses Landes. — Sey es nun das bezaubernde ewig reine Blau des Himmels, die grünen Wiesen und Triften, die waldigen Hügel, der Silberbach, der sich zu unsern Füßen hinschlängelt; oder seyen es die riesigen Gletscher, die ihr eisiges Haupt hoch in die Lüfte heben und finster ins Thal herunterstarren; die tosenden Wildbäche, welche zürnend über die Felsen herabbrausen, die tobenden Vulkane, aus deren Feuerschlünden Tod und Verderben über Land und Bewohner spricht: Alles trägt das Gepräge der Schönheit. Verschieden wie die Natur ist auch das Gemüth des Landesbewohners; bei weitem nicht jenes furchtbar geschilderte rachgierige Volk, sondern feurigen Gefühles, empfindsam und voll Sinn für seine Nation. Als ich das himmlische Land betrat, war es, als wollte die Natur meiner spotten; auf der einen Seite erblickte ich sie in ihrer schönsten Wildheit, auf der andern in höchster Pracht und Anmuth. Aus dem rauhen Norden tretend empfingen mich die ewig lachenden Gefilde Italiens; der goldene Frühling begrüßt da den Wanderer; an den Ufern des Po, Ticino, Lambro sog ich die balsamische Luft ein — und ein neues Leben durchwehte mich. — Ich will es nicht läugnen, daß ich mich anfangs etwas unbehaglich fühlte, als ich mich ferne meiner Heimath in einem fremden, unbekannten Lande, unter einem neuen Volke bewegte, dessen Klänge nur zu verschieden von denen der Meinigen, mich unwillkührlich in die Einsamkeit zurückscheuchten.

Aber so wie die Natur neu erwachte und mit all' ihren Zauberreizen mich anlächelte, stand ich schon um ein Bedeutendes näher dem fremden Herzen; süßer klang mir der Ton seiner Stimme, die Kunst reichte mir freundlichen Angesichtes ihre meisterhaften Produkte, und, o himmlisches Italien! ich fühlte nun, daß ich in dir lebte!

Zuerst wollte ich den Geschmack und Kunstsinn des Italiäners prüfen, dann wandte sich mein Blick auf die Schaubühnen der Musik und des Gesanges, der dramatischen Vorstellungen.

Fürwahr, die Natur konnte dem Menschen kein höheres Glück schenken als die Stimme. Durch sie offenbaren sich unsere Gefühle; ihre Biegsamkeit verbindet einzelne Töne zum wohlklingenden Ganzen; und diesen Ausdruck unserer Gefühle durch übereinstimmende harmonische Töne nennen wir den Gesang. Die ältesten Dichter, welche ihre Lieder mit der Leier begleiteten, erkannten und fühlten, daß es unmöglich sei durch bloße Worte den Grad ihrer Empfindungen zu schildern, welche in ihrem Innern wogten; die Gewalt der Töne zog sie unwiderstehlich an — sie klangen zum Herzen.

Noch war die Poesie mit der Metrik verbunden, nicht sehr im Schwunge; und nur das, was wir heut zu Tage Recitative nennen, glich dem damahligen Dichtersange; als aber jene späterhin gebiethend unter den schönen Künsten hervortrat, der Rhytmus mit den geäußerten Worten sich paarte: da entwickelten sich das Lied, die Elegie, und so viele andere schöne Dichtungen, die, von lieblichen Tönen der Musik begleitet, harmonisch an Ohr und Herz schlugen.

Späterhin trachtete man nun auch dramatische Stücke enge mit der Musik zu verbinden; und so trat denn die Musik mit der Poesie innig gepaart — die Oper — ins Leben. Poesie und Musik sind in der Oper gleich wirkende Theile: die Musik muß zur Dichtung, diese zum Gesange werden.

Italien ist die Wiege der schönen Künste. Schon von der Natur mit himmlischen Gaben beschenkt, biethet das Land und seine Reize dem Gefühlvollen unendlich viel Stoff dar. Der Italiäner, dessen Charakter sanftes fühlendes Wesen bezeichnet, fand auch in der Natur den ersten Gegenstand, seine Gefühle durch die Gewalt der Töne zu äußern.

Ganz dem Lande eigen, hat auch die Musik, der Gesang ein besonderes Gepräge, und der Schmelz, die Zartheit der Sprache, ist der wesentlichste Grund der Wohlgefälligkeit des letzteren. Der Italiäner findet auch den höchsten Genuß in einer schönen gefühlvollen Musik, in ihr verehrt er den Ausdruck, den Abglanz der Seele, und entzückt ruft er mit Schiller aus:

„Leben athme die bildende Kunst, Geist ford're ich vom Dichter:
Aber die Seele spricht nur Polyhymnia aus!

Dieß ist auch die Ursache, daß die Oper hier in Italien auf einer höher ausgebildeten Stufe dasteht. — Während in Nordens Ländern selbst die schönste Musik ein gewisser Hauch des Ernstes durchweht, sprechen die Klänge italiänischer Musik so innig verwandt mit dem Gefühle des heimischen Bewohners, vertraut zum Herzen; ein Umstand, der dem Italiäner prosaische Vorstellungen, Schauspiele mehr zum Nebengenuße macht.

Das Feuer, welches die Adern des sentimentalen Italiäners durchglüht, offenbart sich deutlich in seiner Musik und in seinem Gesange. Vom stürmischen Forte geht sie plötzlich in das sanfte, leise Adagio über, weilt hier spielend und tändelnd, steigt wieder höher und höher, endet mit dem höchsten Affekte, und von einem unwillkührlichen Schauer ergriffen, horcht der entzückte Fremdling den himmlischen Tönen, denkt sich in das Eden versetzt, oder durch den Zauber der Seraphinklänge zum Himmel gehoben. — Mein Gefühl ist keineswegs übertrieben; der Italiäner sieht sich hier im Spiegel der Wahrheit gebildet, und der Fremde hat es empfunden; ich spreche jedoch mehr von der ältern italiänischen Musik, von jenen Meistern und Compositeurs, die einem Haydn, Mozart, Beethoven zur Seite stehn, und keineswegs von jenen, die ihre Arbeit in das Gewand der Mode kleiden. Der Sinnengenuß äußert sich dermahlen allenthalben gesteigert, und so sind denn seine schädlichen Folgen auch auf die Oper übergegangen.

Früher bezauberte den Italiäner die Zartheit und Einfach=

heit der Musik- und Gesangstücke eines Cimarosa, Paisiello ꝛc., jetzt fordert er nur stürmisch rauschende Instrumentalmusik und nur zeitweise unter dem Gelärm und Getöse — eine schwach begleitete Arie, um in ihr gleichsam einen Ruhepunkt zu finden. Rossini, Meyerbeer, Pacini, Donizetti, Bellini sind daher seine Lieblinge, sie vergöttert er. Sie sind auch im wahren Sinne genommen, Meister in ihrer Art, aber nur zu sehr mißglücken die Produkte ihrer neueren Nachahmer.

Der Italiäner liebt Sang und Klang; — man glaubt sich hier gleichsam ins Land der Barden alter Zeit versetzt. Straße und Flur wiederhallt von Sängern und Leiermännern, von früh bis Abends; und noch spät um Mitternacht, wenn schon alles still und ruhig ist, hört man aus den fernen Theilen der Stadt den Choral herumschwärmender Sänger ertönen. In Venedig gehören solche Morgen- und Abend-Serenaten, von einer sich an den Ufern der Canäle oder des Meeres sammelnden Sängertruppe zum Besten gegeben, ebenfalls zu den täglichen und auch beliebtesten Erscheinungen. Ja, die Nationalität des Venetianers bringt diesen vorzüglichen Sinn für Abend- und Morgengesänge mit sich, und dieser Gebrauch schreibt sich aus den frühesten Zeiten. Als Torquato Tasso sein „befreites Jerusalem" gedichtet und der Öffentlichkeit übergeben hatte, wiederhallte die Stadt bei Tag und Nacht von den annehmlichsten Stanzen dieser schönen Dichtung, die von den sogenannten Volksmusikern mit der größten Schnelligkeit in die Nationalmusik gesetzt wurden. Dann sammelten sich des Abends an den Ufern des stillen Meeres Tausende von Spaziergängern und horchten den wundersamen Liedern aus der Vorwelt mit gespannter Aufmerksamkeit. Gewöhnlich begann ein Gondolier aus der Ferne eine Strophe dieses beliebten Gesanges, ein anderer antwortete ihm mit einer zweiten

Strophe, und im Kurzen fanden sich die Sänger in harmoni=
scher Übereinstimmung zusammen, und gaben in der Mitte der
See das unterhaltendste Concert, von dem schallenden Bravo=
rufe und Beifallklatschen der entzückten Zuhörer begleitet. —
Selbst in der neuesten Zeit sind diese Gesangsweisen noch im
Munde des Volkes, — ich schlich manchmahl während der Zeit
meines Aufenthaltes in Venedig durch die dunklen Gassen der
Stadt zum Hafen hin, um mich an den seltsamen Liedertönen der
Gondoliers zu ergötzen, und sie erweckten in meiner Brust zuweilen
die süßesten Erinnerungen an vergangene Tage und an vergange=
nes Glück.

Dieser allgemeine Sinn für Musik ist es auch, welcher den
fühlenden und nachdenkenden Beurtheiler zu manchem strengen,
aber gerechten und richtigen Spruche bewegt, wie ich denn vor
Kurzem ein derlei Urtheil von gelehrter Hand geschrieben, in
der in Mailand und in Italien einzigen deutschen Zeitschrift
„Echo" gelesen, welches ich seiner tiefen, durchdringenden
Wahrheit wegen, hier wörtlich mittheile. Der Verfasser sagt:
„Man behauptet, die jetzige Zeitperiode leide in intellectu=
eller und ästhetischer Hinsicht eben so, wie nach Aussage der
Ärzte in physischer, an Schwäche aus Überreiz — an directer
Asthenie, um mit Vater Brown zu reden. Von diesem Übel nun
Einiges in Bezug auf den heutigen Stand der Tonkunst über=
haupt, und auf die heutige italiänische Oper insbesondere. Wirft
man einen flüchtigen Blick auf die seit dem Beginne dieses Jahr=
hunderts fortgeschrittene musikalische Cultur, vornehmlich auf
die allenthalben grenzenlos verbreitete Liebhaberei zur Musik,
auf die ungeheuere Zahl von Opern, Concerten, großen und klei=
nen Musikgesellschaften u. s. f., so scheint es weder unerwartet
noch unnatürlich, daß diese Genüsse in solchem Überfluße stets

gleichgültiger werden, ja selbst das Bessere und sogar das Vortreffliche weniger befriedigen müssen. Welcher aufmerksame Beobachter sieht, hört oder liest nicht häufig die Belege hierzu? Welche von den heutigen neuen Opern in Italien ist denn wirklich neu zu nennen? In ihnen gleicht das Praesens dem Perfectum und Plusquamperfectum, und ersucht mich mein Freund diesen Abend mit ihm in die neue Oper des Maestro N. zu gehen, so kann meine Antwort ohne weiters lauten: die habe ich schon längst gehört. Aber Landessitte und Etiquette fordern es, ihr wenigstens Einen Besuch abzustatten, und so trollen wir uns denn fort in die modern-musikalische Geisteswüste, wo es indeß bei aller meilenweiten Langeweile Abwechslung genug gibt. Hier wandelt ein durch die große Trommel, zu italiänisch gran cassa, begeisterter schnurbärtiger Jüngling, und sagt: „ich bin die Musik;" dort nagen einige heißhungerige Enthusiasten an den Knochen der Gloria ihres vergötterten Maestro. Rückwärts eine holde Schöne, die bei den tanz- und marschmäßigen Melodien unwillkührlich auf dem Geländer der Loge den Takt dazu schlägt. Rechts freudestrahlende Gesichter über die so eben von der Klappentrompete (incredibile dictu) vorgetragene wollüstige Cabalette. Links beklatscht man feurig Gemeinplätze, die sich schon seit mehr als zwanzig Jahren um den Bratspieß des Stifters der modern-italiänischen Oper drehen, immer schmoren und nie gar werden. Weiter oben ein Haufe dreisechzehntel-Musiker, die ein so eben zum Schlusse des ersten Aktes abgesungenes, höchst mittelmäßiges A quattro, ein sublines Finale nennen. Ganz unten zwei Menschen, die sich unter den andern etwas curios ausnehmen, denen die moderne Oper seit langer Zeit lästig geworden zu seyn scheint; ihrem Munde entschlüpft oft das Quousque tandem, sie bejammern laut das heutige musikalische Weltübel, und laſſen ſogar ein Wörtchen fallen von einer Emancipation der betrübten Ohren muſikaliſcher Rechtgläubigen. Neben ihnen her läuft ein alter Doremiſa-Liberaler: das Wort felicità ſchlug wie ein Blitz durch ſein Trommelfell in die Herzkammer, und erweckte dadurch ſeine vorhin allzu ſehr ſchlummernden Lebensgeiſter: er iſt ganz glücklich, l'homme bonheur, wie die Franzoſen ſagen. Bei all dieſer Kurzweile kommt einem doch oft die Luſt zum Gähnen an; wem aber, wie mir, eine ſtarke Doſis Philantropie eigen iſt, den freut es ungemein, wenn ſich eine Klaſſe Menſchen bei ſo was und dem ewigen Einerlei immerwährend ergötzen können . . . Scherz bei Seite, was wird aus All dem werden? Stillſtand? Gleichgültigkeit? wirklicher Rückgang? — Vielleicht alle drei zuſammen. Hört aber die Muſik auf Modewaare zu ſeyn; werden ihre Afterjünger und Dilettanten weniger, wird die Muſik, beſonders die ſchlechte, ſeltener gehört: dann kann ſie nach einem kurzen Schlafe neu und jugendlich wieder hervorgehen, und eine beſſere Epoche kann für ſie und ihre Verehrer anheben."

Ich kenne den Verfaſſer dieſer Zeilen; er iſt ein Mann, deſſen Nahme im Gebiethe der äſthetiſchen, bibliographiſchen und muſikaliſchen Literatur berühmt iſt, der im wahren Sinne für die Tonkunſt glüht, und deſſen zwar im Gewande des Scherzes, aber doch mit tief empfundenem Wehe geſprochene Worte ſegenreichen Anklang finden mögen!

Der verdienſtvolle Herr Hofrath von Rochlitz ſpricht in ſeinem vierten Bande, „für Freunde der Tonkunſt" das nähmliche Urtheil aus.

www.ingramcontent.com/pod-product-compliance
Lightning Source LLC
Chambersburg PA
CBHW030116010526
44116CB00005B/277